わかりやすい イノベーション・マネジメントシステム

"新しい価値実現"のシステムづくりを ISO 56002 で理解する

一般社団法人
Japan Innovation Network 著

日本規格協会

ま　え　が　き

　イノベーション・マネジメントシステムの構築をガイダンスする国際規格として，ISO 56002（Innovation management－Innovation management system－Guidance）が 2019 年 7 月に発行され，我が国では国家規格（日本産業規格）として，JIS Q 56002（イノベーション・マネジメント－イノベーション・マネジメントシステム－手引）が 2023 年 9 月に制定された．

　この規格には，イノベーション・マネジメントシステム（IMS）及び体系的・組織的なイノベーションを構築するために必要とされるフレームワークが提供されている．このフレームワークは，ISO 9001 など他の ISO マネジメントシステム規格との共通化（箇条立てや統一された文章表現など）が図られており，次に示すように，ISO 共通の箇条番号と表題が定められている．

序　文

1　適用範囲

2　引用規格

3　用語及び定義

規格本文
4　組織の状況

5　リーダーシップ

6　計画

7　支援体制

8　活動

9　パフォーマンス評価

10　改善

　冒頭に序文，箇条 1 に適用範囲，箇条 2 に引用規格，箇条 3 に用語及び定義が規定され，規格本文として箇条 4 の組織の状況から箇条 10 の改善まで七つの箇条で構成されている．この箇条の構成は，他の ISO マネジメントシステム規格と同じであり，この規格との整合性を保つことが ISO 規格として重

要視されている.

　ISO 56002 が他の ISO マネジメントシステム規格と最も大きく異なる点は,箇条 8 の活動にある.これは,イノベーション・マネジメントシステム(IMS)が,不確実性が高い新事業を創造する活動を対象としているのに対して,例えば,品質マネジメントシステム(QMS)は,明確な顧客要求事項に基づき製品やサービスを提供するプロセスの運用を対象にしているためである.

　この違いは,箇条 8 の活動だけでなく,その活動を包み込む他の箇条にも大きな影響を与える.成功する保証がなく,試行錯誤が求められるイノベーション・マネジメントは,例えば,計画どおりに一つずつ確認しながらプロセスを進めていく品質マネジメントシステム(QMS)とは,全く異なる発想が求められるためである.

　他の ISO マネジメントシステム規格とのこのような違いは,この規格を開発した ISO/TC 279 の委員会の場でも,議論が集中するところである.イノベーションを推進してきた国々の代表は,イノベーションをマネジメントするのに必要な要素を規格に反映しようとするが,他の ISO マネジメントシステム規格の開発経験をもつ専門家がリードする国々の代表は,ISO に調和された構造や文章表現を求める.一つの組織の中に複数のマネジメントシステムを導入しても,混乱なく経営できることが求められるためである.

　多くの組織で,品質とイノベーションの両方をマネジメントすることが求められており,この二つのマネジメントを両立させるには,その共通点と相違点を理解することが重要となる.共通点は互いに補強し合うことで強化できる点であり,相違点は矛盾して対立する場合がある点である.共通点は,この規格の中で説明されているように,どちらも価値の実現を目指しており,マネジメントシステムと指揮・管理することが重要だからである.

　ただ,相違点については,少し説明を加えておく必要がある.例えば,品質マネジメントは不確実性,ばらつき,リスクの低減を目指すが,イノベーション・マネジメントはばらつきを活用し,不確実性を積極的に受け入れ,リスクに挑戦することが求められる.このことは,組織の中で意思決定をするときに,

このISOマネジメントシステムの違いにより，状況に応じて矛盾する指示を出さなければならないこともあるということになる．

　本書では，具体的な説明に入る前にイントロダクションを設けている．ここでは，他の規格では見られないこの規格独自のものとして，イノベーション・マネジメントシステム（IMS）を構築するうえで，最も基礎となるマネジメント手法を紹介している．ばらつきを活用し，不確実性を積極的に受け入れ，リスクに挑戦するイノベーションに，どのようなマネジメント手法が活用されるのか，その"how"にあたるマネジメント手法を最初に理解してほしい．イノベーションの創出という目的を達成するために，この規格のフレームワークにリストされている要素が，どのようにシステムとしてつながっているのか理解しておくことが重要と考えたからである．

　第1章では，この規格で定められているイノベーションの定義と，イノベーションのパターン（種類）をまず明確にし，イノベーション／イノベーション・マネジメント／イノベーション・マネジメントシステム（IMS）の三つの違いを説明している．また最後には，オープン・イノベーションについて説明を加えた．国際規格のイノベーション・マネジメントシステム（IMS）が共通言語として求められる理由が明確にできると考えたからである．

　第2章では，ISO 56000シリーズ規格の全体像とその成り立ちや特徴はどのようなものなのかを説明している．次いで，この規格に焦点を当て，この規格がもたらすメリットについて説明を加えた．

　第3章では，イノベーション・マネジメントシステム（IMS）の基礎となる八つの原理原則を概説している．この八つの原理原則は，イノベーション・マネジメントシステム（IMS）に求められる基礎であり，他のISOマネジメントシステムとの違いが表れるところである．

　第4章から第6章は，イノベーション・マネジメントシステム（IMS）のPDCAサイクルが理解できるように章立てをした．第4章は，"4 組織の状況"と"5 リーダーシップ"，"6 計画"をまとめ，イノベーション・マネジメントシステム（IMS）の仕組みづくりとした．PDCAの"Plan"にあたる章で

ある．第5章は"7 支援体制"と"8 活動"をまとめ，イノベーション・マネジメントシステム（IMS）を起動させる．PDCA の"Do"にあたる章である．第6章では，"9 パフォーマンス評価"の"Check"と"10 改善"の"Act"をまとめ，イノベーション・マネジメントシステム（IMS）全体をどのように PDCA で回していくかについて整理をした．さらに，具体例を使って洞察を深めるため，各章の最後に，イノベーション・マネジメントシステム（IMS）を導入した企業事例を加えている．

終章となる第7章は"組織にイノベーション文化を根付かせる"とした．第4章から第6章で取り上げた企業事例を振り返り，なぜイノベーション・マネジメントシステム（IMS）を採用し，どのように活用し，どのような効果・効用が得られたのかを整理した．その中で，システム（IMS）を実践したアーリーアダプター（初期採用者）である彼らがどのように組織にイノベーション文化を根付かせようとしているのかをまとめた．

本書は，ISO マネジメントシステムを構築・運用する組織の経験やイノベーションの経験の有無にかかわらず，あらゆる組織において，イノベーション・マネジメントシステム（IMS）を学びたい人すべてを対象に，図を多く活用し，事例を加え，できるだけわかりやすい言葉で説明することに努めている．最後まで読み終えると，"組織がイノベーションを興すためには，なぜ組織にイノベーション・マネジメントシステム（IMS）が必要かを理解し，この規格に沿ったシステム（IMS）を導入したいと感じる人が増える"，そのような1冊を目指し，日本における ISO 56002 の普及を推進してきた Japan Innovation Network（JIN）のメンバーが執筆した．

本書を手にとっていただいた方々の企業や組織にイノベーションが興る，その一助となれば，筆者として望外の喜びである．

2023 年 12 月

一般社団法人 Japan Innovation Network

目　　次

第3章　イノベーション・マネジメントの原理原則　　*39*

第4章　イノベーション・マネジメントシステムの　仕組みをつくる　　*55*

第5章 イノベーション・マネジメントシステムを
起動させる　*95*

第6章　イノベーション・マネジメントシステムを回す　　*147*

第7章　組織にイノベーション文化を根付かせる
　　－三つの企業事例を振り返って　　*171*

イントロダクション

21世紀に入り，インターネットの普及とデジタル技術の発展により，グローバリゼーションが進展し，世界はこれまでになく急速に変化している．そのため，競争優位はすぐに消え去る．製品やサービスにおいても，ビジネスモデルやプロセスにおいても，イノベーションを興せない企業は勝ち残れない．デジタル写真への変化に対して，コダックは対応が遅れ，破産申請に追い込まれる一方，富士フイルムは，銀塩写真で培った技術資産を活かして，カメラや医療機器のデジタル化，液晶フィルムの製造，化粧品や医薬品の開発への転換を図り，新たな事業領域を切り開いた．そのような激動する競争環境の中で，スタートアップ企業だけでなく，大企業においてもイノベーションを興す活動が加速する時代に入っている．

その結果，イノベーションに取り組んだスタートアップから大企業まで多くの知見が蓄えられ，各国から持ち寄られる実践的な知識が蓄積されてきた．世界各国で蓄積された知識を全世界に普及することを目的として，イノベーション・マネジメントシステム（IMS）のフレームワークとしてISO 56002が策定された．ただ，ISO 56002は他のISOマネジメントシステム規格の基本構造を活用して，システム（IMS）を構成する重要な要素を整理しているだけで，その要素がどのようにシステムとして機能するのかについては記載されていない．

このイントロダクションでは，この規格のフレームワークがイノベーションをマネジメントする現場でどのように活用されているのかについて，最も基礎になると考えられるマネジメント手法を紹介する．個々のイノベーションのプロセスをマネジメントする"リーン・スタートアップ"[*1]と複数のイノベーションをマネジメントする"ポートフォリオ・マネジメント"[*2]の二つである．

　第1章の前に，組織がイノベーションを興すために，この規格にリストされている要素がシステムとしてどのようにしてつながっているのかをまず理解しておこう．

■イノベーションに関わるマネジメント手法

　スタートアップ企業のマネジメントとして始まった新規事業 $[0 \to 1]$ を対象とするリーン・スタートアップ手法は，この規格の箇条8の個々のイノベーション活動に活用されている．大企業では，複数の既存事業 $[1 \to 10]$ と新規事業 $[0 \to 1]$ を戦略的にマネジメントするのにポートフォリオ・マネジメントの手法が古くから用いられており，箇条6のイノベーション戦略に活用されている．この二つのマネジメント手法とこれらの手法が構築された背景を理解しておくことで，イノベーション・マネジメントシステム（IMS）のフレームワークを俯瞰することが可能になる．

1. 新規事業 $[0 \to 1]$ のマネジメント：リーン・スタートアップ

　21世紀に入り，シリコンバレーのスタートアップ企業がリーン・スタートアップというマネジメント手法を活用し，新たな製品やサービスを開発し，大企業の既存市場を破壊している．リーン・スタートアップは，エリック・リース[*3] がシリコンバレーでアントレプレナー（起業家）として活動をしながら，他のアントレプレナーや理論家などと協力して磨き上げられた理論である[1)]．

[*1]　リーン（lean）とは "無駄がない"（形容詞）という意味で，ビジネス界ではトヨタの "リーン生産方式" が無駄のない新しい生産方式として紹介された．このリーン生産方式に出てくる各種の概念を起業のプロセスに活用したので，リーン・スタートアップと呼ばれている．

[*2]　ポートフォリオとは，イタリア語で "紙を持ち運ぶもの" という意味で，ホルダーやケースを指している．ポートフォリオ・マネジメントとは，ビジネス界では金融業界で最初に使われた用語で，金融商品を組み合わせることにより，リスクを最小限に抑えつつ，最大限のリターンを得るためのマネジメント手法として活用されている．

スタートアップではマネジメントの仕組は構築せず，"とにかくやってみよう"を方針とするが，そのようなやり方ではうまくいかない．エリックは，アントレプレナーにとって，"スタートアップとマネジメントは真逆の方向性をもつものに感じられる"[1]が，"スタートアップの構築とは組織の構築にほかならない．つまり，マネジメントを避けて通るわけにいかないのだ"とマネジメントの必要性を力説している．起業して価値ある成果を実現するには，イノベーション・プロセスをマネジメントすることが必要なのである．

　リーン・スタートアップは，次の図1の"構築→計測→学習のフィードバック・ループ"で構成されている[1]．このフィードバック・ループをできるだけ早く回転させ，試行錯誤を通じてどこよりも早く商品化を図るというアプローチである．そのためには，最小限の機能をもつ"実用最小限の製品"（Minimum Viable Product：MVP）を早期に市場に投入し，実際の顧客の反

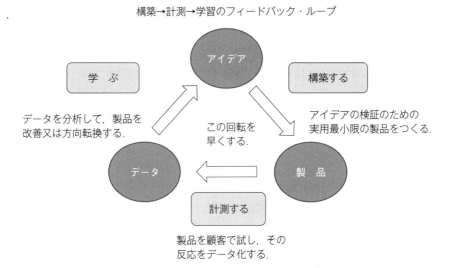

構築→計測→学習のフィードバック・ループ

図1　リーン・スタートアップの構成[1]

---

*3　エリックが，IMVU 社を立ち上げていたとき，スティーブン・G・ブランクが投資家として IMVU 社に参加し，彼が推奨する"顧客開発モデル"を活用して事業を成功に導いた経験がリーン・スタートアップにつながっている．

応や学びを通じて製品を改善していくのである．最も重要なことの一つは，ア
イデアを検証する MVP をつくる前に，優先順位を付けて検証すべき仮説を立
てることである．事業化するのに最もリスクが高い要素から検証することで，
早期に方向転換（ピボット）*4 が可能になり，無駄な投資を避け，最短の製品
化を実現できるのである．

2．複数の事業のマネジメント：ポートフォリオ・マネジメント

既存の企業には，その企業の収益を支えている既存の事業が存在する．そし
て，この既存事業を維持・拡大するために，獲得した分野の知を継続して深掘
りして，磨き込んでいかなければならない．既存の企業は，この既存事業の成
長［1 → 10］と同時に，不確実性の高い新規事業［0 → 1］をマネジメントす
ることが求められる．既存事業そのものが，新しい技術やサービスの脅威にさ
らされており，撤退や崩壊のリスクがあるからである．

十分な経営資源を保有する大企業は，新規事業を育成するために多額の資金
を研究開発に投資することが可能であるが，その投資に見合う新製品や新サー
ビスの実現に至らないことが多い．企業の成長に従い，市場から離れた開発部
門は，技術開発にとらわれ，マーケティングや営業等との連携ができず，市場
や顧客のニーズの確認が疎かになるからである．

リーン・スタートアップの手法は，大企業にとっては脅威ではあるが，大企
業にとって有効なマネジメント手法でもある．しかし，既存の企業でリーン・
スタートアップの手法を活用するのは簡単ではない．開発部門にリーン・スタ
ートアップの手法を活用せよと指示しても，スタートアップ企業とは違うマネ
ジメント原理で動いている既存の組織では，スタートアップ企業のようには有
効に使えない．

［0 → 1］と［1 → 10］のマネジメントを両立させることが難しいことは，

---

*4　ピボット（pivot）とは，英語で旋回軸のように方向転換することを意味しており，
　企業がビジネスの方向性や製品，サービス，ビジネスモデルを根本的に変えること，
　又はそのプロセスを示す言葉である．

ジェームス・マーチが"知の探索・知の深化の理論"で指摘している[2].［1→10］に求められる効率性の追求は"すでに体得している知の活用"であり、"知の深化"と呼ばれる。しかし、これを継続していると、これから体得できるかもしれない"新しい知の追求＝知の探索"ができなくなる。知の深化を追求すると、0から1を生み出す知の探索ができなくなってしまうのである。この二つの学習は、どのような組織でも相反するものなのである。

　大企業においては、このような複数の既存事業と新規事業を戦略的にマネジメントするのに、ポートフォリオが活用されてきた。次の図2は、ボストン・コンサルティング・グループが考案したポートフォリオであるが、社内の事業を、市場成長率と自社の市場占有率とに分けて分析する。市場占有率が高く、市場成長率が高いのは"花形"で、次第に花形事業も市場成長率は低下し、"金のなる木"になっていく。花形も金のなる木も、自社の強みをさらに深化させていく知の深化が必要である。

　それに対して、市場成長率は高いのに市場占有率の低い事業は"問題児"で、市場占有率が高い花形にするのに、いままでのやり方ではできない。新しい知の探索が必要となる。社内の事業を分類することで、知の深化と探索を両立させるために、ポートフォリオが戦略として活用されてきたのである。

　バンシー・ナジーとジェフ・タフが考案した"イノベーション・アンビショ

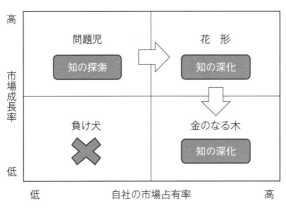

図2　ポートフォリオ・マネジメントの考え方

ン・マトリックス"のように，イノベーション戦略を構築するために役立つポートフォリオもある[3]（図3参照）．このポートフォリオは，イノベーションのパターンを市場軸（既存と周辺と新規）と製品軸（既存と段階的と新規）に分け，イノベーションを中核，隣接，変革という3領域に分けている．中核の領域は，既存顧客向けの継続的な改善に注力するイノベーション領域で，隣接の領域では既存製品を新市場に適応するか，あるいは既存市場向けに新商品を提供するイノベーション領域とし，変革の領域では，新市場向けの新製品を創出するイノベーション領域と分類している．

イノベーション・アンビション・マトリックスは，企業として，それぞれの領域の事業ポートフォリオにどの程度投資するのか，その判断にも活用できる．例えば，中核の領域が70％，隣接の領域が20％，変革の領域が10％というガイドラインを決めておけば，短期的に求められる投資だけでなく，中長期的な事業開発も可能になる．組織的な戦略として，自社のイノベーションの意図を明確にし，適切な事業ポートフォリオを形成するためには，このようなポートフォリオを活用してマネジメントすることが極めて重要となるのである．

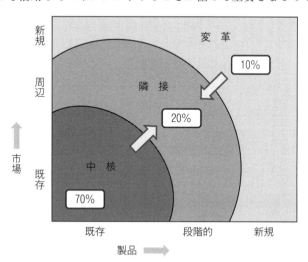

図3 イノベーション・アンビション・マトリックスの考え方[3), 4)]
（出典："イノベーションの攻略書"，テンダイ・ヴィキ他著・訳，翔泳社，2019）[4)]

第1章　イノベーションとイノベーション・マネジメントシステム

　イノベーションには多くの種類があり，最初にイノベーション・マネジメントシステム（IMS）が扱うイノベーションという概念を明確にしておかないと，IMS の本質がわからなくなる．さらに"イノベーション""イノベーション・マネジメント""イノベーション・マネジメントシステム（IMS）"はどのような関係にあるのかが理解できないと，システム（IMS）の要素の関係がわからなくなってしまう．規格本文の説明の前に，この規格で用いられる，基礎となる概念を明確にする．

　また，"オープン・イノベーション"についても説明を加えている（1.4 節）．イノベーション・マネジメントの実践において，品質マネジメントと大きく異なる点は，組織内のクローズな経営資源だけでなく，組織の外にある経営資源を戦略的に活用することを求められる点である．オープン・イノベーションの概念を理解することで，国際規格のイノベーション・マネジメントシステム（IMS）が共通言語として求められる理由が明確になる．

1.1　イノベーションの定義

　まず"イノベーション"という言葉の定義について考えてみたい．

　イノベーションという言葉は，人によってとらえる意味やイメージするものが異なり，それが理由で，話している内容の認識に齟齬が出ることがある．まず最も重要な"イノベーション"という言葉の認識をそろえたうえで，イノベーション・マネジメント，そしてイノベーション・マネジメントシステム（IMS）の意味合いを理解し，なぜいま求められるようになってきたのかをイノベーション・マネジメントの進化も踏まえて説明する．

イノベーション・マネジメントシステム（IMS）の一連の国際規格群である ISO 56000 シリーズにおける用語及び定義を定めた ISO 56000（Innovation management － Fundamentals and vocabulary）の中で，イノベーションは定義付けられている．この定義で重要なのは，"新しい" と "価値の実現" という点である．イノベーションとは "新しい価値" を "顧客や社会に届ける" ことである．いまだにイノベーションに "技術革新" という訳語をあてていることを目にするが，本来のイノベーションという言葉の意味は "価値を実現すること" であり，"新しい技術"（技術革新）はイノベーションの種にはなるが，それが価値を実現しない限りイノベーションではない．新しい技術単独では価値の実現には至らないのである．

よく取り上げられる具体例であるが，Apple 社は，当時すでに市場にあった技術を使って iPhone® という画期的なスマートフォンを生み出している．彼らは技術革新によって生み出したわけではなく，"顧客が何を求めているか（洞察）" を追求することで，我々に革新的な新しい価値を提供したのである．これはまさにイノベーションである．"顧客が何を求めているか（洞察）" が重要であり，新しい技術はもっていなくても，新しい価値の提供はできるのである．

技術革新や発明を意味する "インベンション" という言葉がある．インベンションは，新しいアイデアや方法，又はその具体的な実現物を指す言葉であり，"新しい" という要素は同じであるが，価値の実現は求められていない．インベンションがイノベーション（価値の実現）につながることは多々あるが，新たな技術が存在するだけでは顧客や市場に価値を届けることはできないのである．

イノベーションとインベンションとの関係を図 1.1 のように図式化した．読者にはこの違いをしっかり理解してもらったうえで，"イノベーション＝新しい価値の実現" という前提で本書を読み進めてほしい．

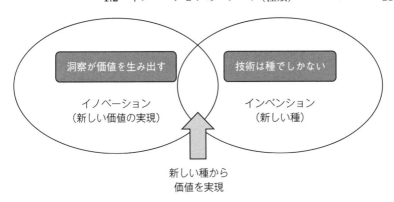

洞察が価値を生み出す　　技術は種でしかない

イノベーション　　　　　インベンション
（新しい価値の実現）　　　（新しい種）

新しい種から
価値を実現

図1.1　イノベーションとインベンションの関係

1.2　イノベーションのパターン（**種類**）

　イノベーションと一言でいっても，改善に近い，いわゆる漸進的なイノベーション（incremental innovation）もあれば，既存事業とはかけ離れた，全く新たな価値を生む革新的なイノベーション（radical innovation）もある．さらに，新しい製品やサービスに関する製品のイノベーション（product innovation）もあれば，既存の製品やサービスの製造プロセスを新しくするプロセスのイノベーション（process innovation）もある．

　市場に初めて出されたテレビは革新的なプロダクト・イノベーションと呼ばれるが，そのあとに続いて市場に投入されるテレビの画像品質の向上や大型化などは，漸進的なプロダクト・イノベーションにより進化していく．プロセス・イノベーションについては，日本が得意の製造プロセスの改良改善活動による漸進的な新工程のイノベーションもあれば，いままでの生産工程を全く変えてしまう新しい3D製造工程による革新的なプロセス・イノベーションもある．

　プロダクト・イノベーションは，新製品やサービスが新しい価値を実現するイノベーションでわかりやすい．しかし，コスト削減を実現する漸進的なプロセス改善も，新しい経済的価値の実現なので，イノベーションなのである．そ

して，革新的な新製品はすぐには売れないことも多く，漸進的な新製品がヒットすることもあるし，革新的な新工程も，その後の漸進的な新工程の取組みがあって，価値が生み出せることも多い．つまり，これらのイノベーションは，それぞれ個別に存在するのではなく，つながっているのである．

　組織の新しい価値を実現する活動をすべてイノベーションとしてとらえることが重要となる．本書のイントロダクションで，イノベーション・アンビション・マトリックス（図3，18ページ）を紹介した．既存製品の漸進的なプロセス・イノベーションに頼った経営をしていると，競争相手が革新的な新製品を市場投入したり，革新的な新工程を開発したりすれば，市場で淘汰されてしまうかもしれない．いつも社会や市場の変化を読みながら，どの領域のイノベーションにどのくらい資源を配分すべきか検討が必要なのである．

　特にこれまで多くの企業では，本業である既存事業とは別の活動として，新規事業としてのイノベーションを扱っていた．しかし現在では，既存事業でも，ビジネスモデルの陳腐化や環境変化に伴い，イノベーションが求められるようになってきた．つまり，新規だけでなく既存を含むすべての事業においてイノベーションを対象とする必要が出てきたのである．組織的な経営システムという観点でイノベーションを考えることがいま求められている．

1.3　イノベーション・マネジメントシステムとは

　本書で説明する ISO 56002 は，イノベーションの国際規格ではなく，イノベーション・マネジメントを体系的・組織的に行うためのイノベーション・マネジメントシステム（IMS）の国際規格である．混同しやすい"イノベーション，イノベーション・マネジメント，イノベーション・マネジメントシステム（IMS）"を一つずつ確認して，それぞれの意味合いと関係をみていこう．

　イノベーションとイノベーション・マネジメントの意味合いを理解するために"ポートフォリオ・マップ"[*5]を活用してみよう（図1.2）．ポートフォリ

オ・マップは，既存事業の成長と衰退，そして新規事業の調査と取捨選択のためのガイドラインを構築するのに有効なツールである．

　同図の横軸は"事業の不確実性"を示している．右上は"活用ポートフォリオ"と呼ばれ，既存事業の製品・サービスが含まれる．既存事業の"不確実性"は低く，リターンを向上させるために，製品やプロセスの漸進的イノベーションが求められる．それと同時に，既存事業は，新しい技術やサービスの脅威にさらされており，撤退や崩壊のリスクがある．この既存事業の崩壊リスクに備え，製品やプロセスの革新的イノベーションも求められる．それが，左下にある"探索ポートフォリオ"である．

　探索ポートフォリオには，複数のイノベーション活動，新しい価値提案や製

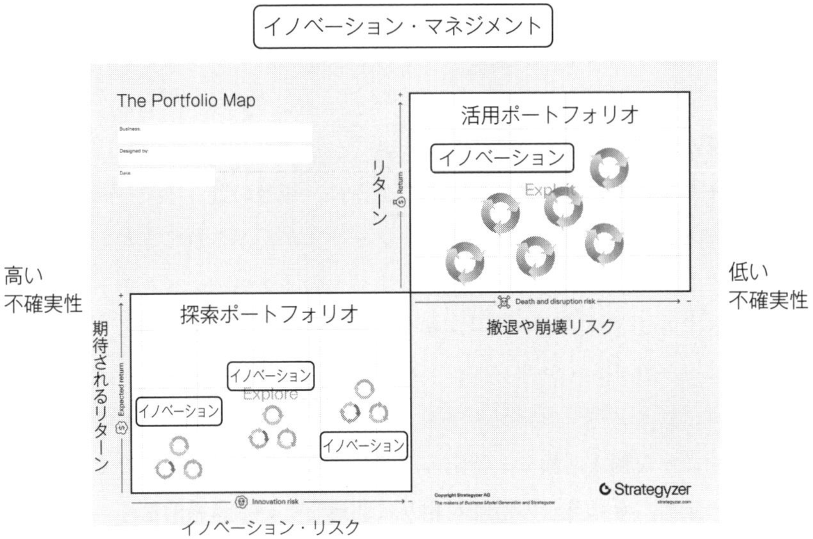

図 1.2　ポートフォリオ・マップの活用例
（Strategyzer AG のポートフォリオ・マップを使って筆者が作成）

*5　Strategyzer AG
https://www.strategyzer.com/library/business-model-evolution-using-the-portfolio-map

品・サービス等の新規事業の探索活動が含まれる．これらの探索活動は不確実性が高く，新規事業の中でリスクが高いと考えられる仮説の検証を最小限のコストで繰り返すことで，イノベーションリスクを抑えていくことが求められる．この探索ポートフォリオにおける個々の新規事業をマネジメントするのが，本書のイントロダクションで紹介したリーン・スタートアップである．リーン・スタートアップ手法を活用することで，素早く，最低限のコストで，不確実性を下げ，事業の成功確率を上げていくのである．

　リーン・スタートアップは，探索ポートフォリオにある一つのイノベーション活動であり，探索ポートフォリオでは，複数の革新的イノベーション活動が中心となる．活用ポートフォリオは，既存のビジネス，価値提案，製品やサービスが含まれ，ここには，複数の漸進的イノベーション活動が存在する．これらの新しい価値を実現しようとする各々の活動がイノベーションであり，探索ポートフォリオと活用ポートフォリオ全体をマネジメントするのがイノベーション・マネジメントと考えると，イノベーションとイノベーション・マネジメントの関係が理解しやすい．

　本書のイントロダクションで紹介したように，複数の既存事業と新規事業を戦略的にマネジメントするのに，ポートフォリオが活用されてきた．探索ポートフォリオと活用ポートフォリオにあるすべてのイノベーションを一体的にマネジメントすることが，イノベーション・マネジメントなのである．

　このイノベーション・マネジメントを体系的に，組織的なシステムとして実践するために，イノベーション・マネジメントシステム（IMS）が必要になる．これまでのような個人活動や，特定の部署による一部の活動ではなく，組織全体の活動として，それぞれの活動が相互に関連している体系的なイノベーション活動が求められるからである．組織の置かれている内外の状況や利害関係者との関係は，変化している．イノベーション・マネジメントシステム（IMS）を所与のものとみるのではなく，イノベーション・マネジメントを通じて形成されていく新たな価値や外部との関係性の変化をとらえ，ダイナミックにイノベーションの戦略と実践プロセスを見直していくことが重要となる．

　次の図 1.3 に，イノベーションとイノベーション・マネジメントとイノベーション・マネジメントシステム（IMS）の意味合いについて，図式化してまとめておいたので，参考にしてほしい．

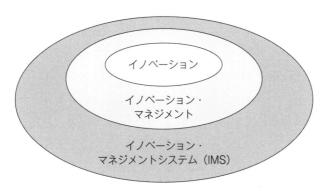

イノベーション	試行錯誤の実践・知識創造活動
イノベーション・マネジメント	組織とその従業員がイノベーションを効果的，効率的に行い，価値を実現するための活動
イノベーション・マネジメントシステム（IMS）	イノベーション・マネジメントを体系的に行うための組織としてのカルチャー・システム

図 1.3　イノベーション・マネジメントシステムとは
（出典：エコシスラボ資料）

1.4　クローズド・イノベーションとオープン・イノベーション

　イノベーションの実践において，品質マネジメントと大きく異なるのは，組織内のクローズな経営資源だけでなく，組織の外にある経営資源を戦略的に活用することを求められる点である．

　20 世紀においては，組織内の経営資源だけを活用してイノベーションを実現するのが一般的であった．この組織内に閉じたイノベーションは，クローズド・イノベーションと呼ばれている．組織にとって，内部で集中した研究開発により，市場における圧倒的な地位を確保し，競合相手に対する参入障壁を築

くことが重要と考えらえていたのである.

　しかし，インターネットの普及により，そのような開発資源をもたないスタートアップ企業が，外部の経営資源を活用し，リーン・スタートアップのマネジメント手法を活用し，既存の企業よりも早くイノベーションが実現するようになった．既存の企業においても，スタートアップ企業のスピードと対抗するには，組織の内部と外部のアイデアを有機的に結合させて価値を創造するオープン・イノベーションが求められるようになったのである.

　オープン・イノベーションという用語を生み出したヘンリー・チェスブロウによれば，"21世紀に入り'クローズド・イノベーション'から'オープン・イノベーション'へのパラダイムシフトが起こっている"[5]と論述している.

　クローズド・イノベーションは自前主義で，他人の能力は信じられないと考えているのに対して，オープン・イノベーションは他人の能力を活用することで，価値を早く実現することが重要と考えるのである．アイデアを創造した企業が商品化しなくてもよいし，他のアイデアを商品化してもよい．チェスブロウは，このパラダイムの変化を表1.1のように示している.

表1.1　クローズド・イノベーションとオープン・イノベーションの比較[5]

クローズド・イノベーション	オープン・イノベーション
最も優秀な人材を雇うべきである.	社内に優秀な人材は必ずしも必要ない．社内に限らず社外の優秀な人材と共同して働けばよい.
研究開発から利益を得るためには，発見，開発，商品化まで独力で行わなければならない.	外部の研究開発によっても大きな価値が創造できる．社内の研究開発はその価値の一部を確保するために必要である.
独力で発明すれば，一番にマーケットに出すことができる.	利益を得るためには，必ずしも基礎から研究開発を行う必要はない.
イノベーションを初めにマーケットに出した企業が成功する.	優れたビジネスモデルを構築するほうが，製品をマーケットに最初に出すよりも重要である.
業界でベストのアイデアを創造したものが勝つ.	社内と社外のアイデアを最も有効に活用できた者が勝つ.

表 1.1　（続き）

クローズド・イノベーション	オープン・イノベーション
知的財産権をコントロールし他社を排除すべきである．	他社に知的財産権を使用させることにより利益を得たり，他社の知的財産権を購入することにより自社のビジネスモデルを発展させることも考えるべきである．

（出典：“OPEN INNOVATION”，ヘンリー・チェスブロウ著・他訳，産業能率大学出版部，2004）[5]

　オープン・イノベーションについて，次の図 1.4 にまとめた．オープン・イノベーションには，外部の経営資源を活用するインバウンドと，社内の経営資源を外に出して活用するアウトバウンドがある．例えば，戦略的に重要な事業を買収するのがインバウンドで，戦略的に必要なくなった事業を売却するのがアウトバウンドである．

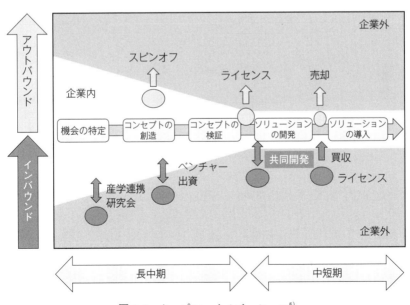

図 1.4　オープン・イノベーション[5]

　イノベーションの試行錯誤の段階によって，外部との協働・共創も変化する．まだ機会の特定からコンセプトの創造段階のときは，社外の研究会や産学連携に参加して社外の情報を獲得し，社内に多様な知識を吸収しておくことも重要となる．さらに，コンセプトの検証段階では，スピンオフして事業化を急ぐ場合もあれば，将来提携したい魅力のあるスタートアップ企業に出資する場合もある．ソリューションが開発され，導入される段階となれば，共同開発やライセンスも可能になるし，売却や買収も選択肢となる．

　このようなオープン・イノベーションによる事業開発を推進するには，品質マネジメントとは全く異なる知識が求められる．技術，市場や社会のニーズの変化を読み取り，自社の経営資源を理解したうえで，どこにイノベーションの機会があるかを見いだし，潜在的に可能性がある外部の機会を見つけ，外部を巻き込んでいく実践的な知識が求められる．ISO 56002 には，オープン・イノベーションに求められる基本的な知識が示されており，外部のパートナーとコミュニケーションに必要な共通言語となるのである．

第 2 章　ISO 56002 の全体像

　この章では，ISO 56002 について理解を深めていこう．イノベーション・マネジメントシステム（IMS）の国際規格である ISO 56000 シリーズ規格について，どのような規格なのか，また成り立ち，その特徴についてまず説明する．次に，その ISO 56000 シリーズ規格の中で，イノベーション・マネジメントシステム（IMS）のガイダンス規格であるこの規格に焦点を当てて説明を行う．最後に，この規格がもたらす価値について説明する．

2.1　イノベーション・マネジメントシステムの国際規格 ISO 56000 シリーズ規格

　ISO 56000 シリーズ規格は，ISO（国際標準化機構）に設置された TC（Technical Committee）279 という委員会で議論されている．この委員会は 2013 年にフランス（パリ）で立ち上げられ，欧州主要国，米国，カナダ，南米主要国，中国，韓国，日本に加え，国連機関等，2023 年 3 月現在で 72 の国や地域，国際機関が参加している．これら 72 の国や地域，国際機関が集まり，イノベーションに関して世界中に散りばめられているさまざまな知恵や経験をイノベーション・マネジメントシステム（IMS）のベストプラクティスとして，あるいは現時点での集大成として集められ，それらが国際規格として制定された規格群が ISO 56000 シリーズ規格である．

　図 2.1 に，ISO 56000 シリーズ規格の全体像を示す．ISO 56000:2020（Innovation management－Fundamentals and vocabulary）は用語及び定義を中心に，イノベーション・マネジメントシステム（IMS）の基本が規定されている規格である．ISO 56002:2019（Innovation management－Innovation

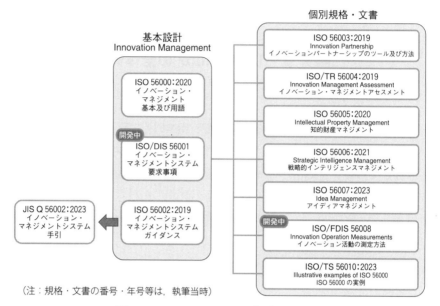

図 2.1 ISO 56000 シリーズ規格の全体像

management system－Guidance）がガイダンスとして基本規格となっており，本書で説明を行っている規格である．ISO 56003 以降，さまざまな規格が発行又は開発中である．認証規格となる ISO 56001 もこの規格をベースに現在開発中である．ISO 56003 以降の規格は，ISO 56002 では説明し切れていない詳細なコンセプトの説明や具体例等，この規格の理解を補っている．

ISO が定めるイノベーション・マネジメントシステム（IMS）の特徴は，すでに第1章でも簡単に触れたが，この規格がイノベーションの国際規格ではなく，イノベーション・マネジメントシステム（IMS）に関する国際規格であるということである．イノベーションの興し方には千差万別，さまざまな方法があるため，正解となり得る決まった方法というものは存在しない．ここで規定されているのは，特に既存組織において，イノベーションを興すうえで必要とされる組織としての仕組みに関する国際規格である．

2.2 ISO 56002 の概要

この規格の構成としては，序文から始まり，箇条1が適用範囲，箇条2が引用規格，箇条3が用語及び定義となっている．本文は，"4 組織の状況"から始まり，"5 リーダーシップ""6 計画""7 支援体制""8 活動""9 パフォーマンス評価""10 改善"まで，箇条4から箇条10の七つの要素から構成されている．

序　文
0.0A 一般／0.1 概論／0.2 イノベーション・マネジメントの原理原則／0.3 イノベーション・マネジメントシステム／0.4 他のマネジメントシステム規格との関係
1 適用範囲
2 引用規格
3 用語及び定義
4 組織の状況
4.1 組織及びその状況の理解／4.2 利害関係者のニーズ及び期待の理解／4.3 イノベーション・マネジメントシステムの適用範囲の決定／4.4 イノベーション・マネジメントシステムの確立
5 リーダーシップ
5.1 リーダーシップ及びコミットメント／5.2 イノベーションの方針／5.3 組織の役割，責任及び権限
6 計　画
6.1 機会及びリスクへの取組み／6.2 イノベーションの目標及びそれを達成するための計画策定／6.3 組織構造／6.4 イノベーションのポートフォリオ
7 支援体制
7.1 経営資源／7.2 力量／7.3 認識／7.4 コミュニケーション／7.5 文書化した情報／7.6 ツール及び方法／7.7 戦略的インテリジェンスのマネジメント／7.8 知的財産のマネジメント
8 活　動
8.1 活動の計画及び管理／8.2 イノベーションの取組み／8.3 イノベーションのプロセス
9 パフォーマンス評価
9.1 モニタリング，測定，分析及び評価／9.2 内部監査／9.3 マネジメントレビュー

　10 改　善
　　10.1 概論／10.2 逸脱，不適合及び是正処置／10.3 継続的改善
　参考文献

　本書のまえがきでも述べたとおり，これは他のISOマネジメントシステム規格でも共通の構成*6になっており，箇条4から箇条6がイノベーション・マネジメントシステム（IMS）の仕組みづくりにあたるPlan（計画）であり，箇条7と箇条8がDo（実践），箇条9がCheck（評価），箇条10がAct（改善）とPDCAの構造なっているので，この点をあらためて理解してほしい．

　次に示す図2.2は，ISO 56002:2019（JIS Q 56002:2023）の図1を引用したもので，箇条4から箇条10にある"組織の状況""リーダーシップ""計画""支援体制""活動"*7"パフォーマンス評価""改善"の七つの要素が相互に関係し合うシステムとして機能している様子が図式化されている．

　箇条4で，内部・外部の状況を分析し，顧客や社会が，自組織にどのようなことを期待しているのかを理解したうえで，"イノベーションの意図"を確立する．同図左側に示した機会に関する（イノベーションの）意図が，組織になぜイノベーション活動が必要かを説明し，組織内外でイノベーションに関わるすべての関係者の方向付けになる．この意図が組織としてのイノベーションのスタートポイントとなる．その意図に基づいて，イノベーション・マネジメントシステム（IMS）の適用範囲とIMSを確立する．

　そして，箇条5で，トップマネジメントがイノベーションのビジョン，戦略，方針を明確にし，箇条6で，策定された戦略や方針に基づき，実現できる計画を策定することになる．

---

*6　他のISOマネジメント規格との共通化の原則については，ISO/IEC専門業務用指針第1部統合版ISO補足指針の附属書SLに示されている．

*7　箇条8の"operation"は，JIS Q 9001:2015では"運用"という訳語があてられているが，JIS Q 56002:2023では"活動"があてられている．運用は，決められたことを実施する品質プロセスには適格な訳語であるが，不確実性が高い事業の創造を対象とするイノベーション・プロセスには馴染まず，"活動"とすることにした．

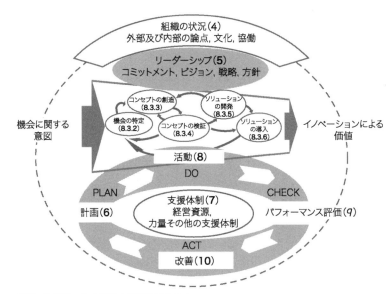

注記　数字は，この規格の箇条番号を示す．

図 2.2　イノベーション・マネジメントシステムの枠組みの説明[6]

（出典：JIS Q 56002：2023，イノベーション・マネジメントーイノベーション・マネジメントシステムー手引，日本規格協会）[6]

　箇条 4 から箇条 6 の Plan（計画）で方向性を示し，それを実現できる計画を策定したうえで，箇条 8 を通して，イノベーション実現に向けて試行錯誤を行い，最終的に価値を市場や顧客，社会に届ける．イノベーション活動では，当然既存事業とは異なる力量や評価制度等が必要になり，イノベーション活動のための経営資源が求められるので，箇条 7 で記載された支援を行うことが重要となる．この活動を通じて，同図右側の"イノベーションによる価値"を実現していく．

　箇条 9 で，その価値実現に関わる要素を評価し，箇条 10 で，戦略計画だけでなく，実践プロセス等の改善を実施する．これらすべての要素が有機的にシステムとしてつながる必要があり，それがイノベーションの実現という目的を達しているか，PDCA を回しながら最適のシステム（IMS）を構築していくのである．

2.3　共通言語として ISO 56002 がもたらす価値

　最後に，この規格に基づくイノベーション・マネジメントシステム（IMS）を導入し，成熟させることで，システム（IMS）がもたらす価値について説明する．この規格の序文（"0.1 概論"）では，このシステム（IMS）を実施することによって得られる，次の 10 の便益を示している．

　a) 不確実性をマネジメントする能力が向上する．

　b) 成長，売上，収益性及び競争力が高まる．

　c) 費用及び無駄が削減され，生産性及び資源利用の効率性が向上する．

　d) 持続可能性及び抵抗力が改善する．

　e) 利用者，顧客，市民及びその他の利害関係者の満足度が向上する．

　f) 製品・サービスのポートフォリオが持続的に更新される．

　g) 組織内部の人々がより積極的に参加しており，権限が与えられている．

　h) パートナー，協力者及び資金を引き付ける能力が向上する．

　i) 組織の評判及び価値が高まる．

　j) 規制及びその他の関連する要求事項の遵守が促される．

　これらの便益をもたらす最も重要な点は，イノベーション・マネジメントシステム（IMS）が OS（Operating System）として社内外における共通言語になるという点である．社内のイノベーション活動における共通言語，社外との連携の際のオープン・イノベーションにおける共通言語にもなることで，社内外の連携を活性化させることに寄与する．ISO 規格は国際規格であるため，海外との連携の際にも共通認識をもって協働・共創ができる点も重要といえる．

　共通言語がない状態では，どのような問題が起こるのであろうか．例えば，新規事業を企画する開発部門と，製品開発を担当する事業部門では，開発のとき，開発部門が最速で試行錯誤を繰り返す様子は，事業部門には中途半端な試作による失敗の連続に見えてしまう．不確実性の高い "知の探索" は，不確実性の低い "知の深化" と比べると，事業の焦点，財政哲学，文化とプロセス，人材とスキル面で全く異なるものである（表2.1 参照）．

表 2.1　知の探索と知の深化の違い[7]

探　索 ⬅➡		活　用
調査とブレークスルー	焦点を当てること	効率と成長
高	不確実性	低
ベンチャーキャピタル的なリスクテイクで，少数の並外れた勝者を期待する	財務上の哲学	安定したリターンと配当をもたらす安全資産
実験を繰り返し，スピード，失敗，学習，迅速な適応を奨励する	文化とプロセス	しっかりと段階を踏んで実行し，計画，予測可能性，最小限の失敗を奨励する
不確実性をものともせず，パターン認識に優れ，大局観と細部のバランスをとれる探索者が求められる	人材とスキル	組織力と計画力に強く，効率的なプロセスをデザインして予定と予算通りに成果をあげるマネージャーが求められる

(出典：“インビンシブル・カンパニー”，アレックス・オスターワルダー他著・訳，翔泳社，2021)[7]

知の深化に基づくマネジメントの下で知の探索のマネジメントをすることは困難を極める．これまでの仕事のルーティン（一連の決められた活動）の改善とは，全く異なるマネジメントが求められるためである．OS が違うということである．

図 2.3 に，この OS の違いを図式化した．既存の知の深化の OS は，既存の事業部などのライン部門だけでなく，経営管理・経理・人事等のスタッフ部門

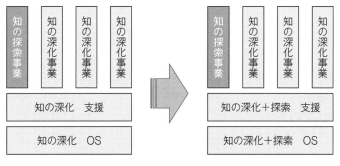

図 2.3　新しい共通言語としての OS の役割

を含むすべての組織に影響を与える．知の探索事業に活用される試行錯誤による学習は，知の深化で染まった組織では全く理解されず，イノベーションを担当する知の探索部門が孤立してしまう．これを知の探索と知の深化の両方をマネジメントできるイノベーション・マネジメントシステム（IMS）というOSに変える必要があるのである．

　共通言語ができるインパクトを理解するために，図2.4に"イノベーション・エコシステム"について図式化した．イノベーション・エコシステムとは，企業だけではなく，行政や大学等のようなアクターが参加し，新しいアイデアや施術を生み出し，それを経済的，社会的な価値に変えるための環境やネットワークを指している．

　同図左側に描いた共通言語をもたない組織は，イノベーションを担当する部門が他の組織から孤立している状態である．既存事業とは独立して，開発部門に置かれた新規事業担当部門がよい事例といえる．他の事業部門からの協力を得るのに，内部の調整やネゴシエーションにかかる時間が取られるだけでなく，

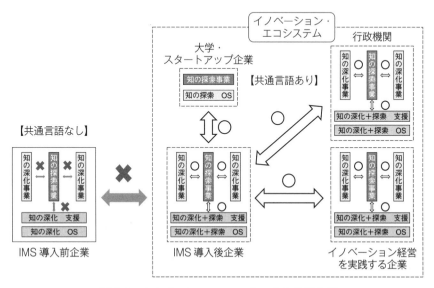

図2.4　イノベーション・エコシステムの考え方

短期的に売上げ・利益に寄与しないので，組織の中での評価も低い．このような組織では，開発部門でインベンションはできたとしても，他の事業部門だけでなく，イノベーション・エコシステムからも孤立しており，イノベーションに至る可能性は低い．

同図右側に描いた共通言語をもつ組織，新規開発部門などの知の探索部門であっても，インベンションが目的ではなく，価値の実現を目的にイノベーション活動が行われる．他の部門も，新規開発部門の試行錯誤の苦しさを理解しており，新規開発部門への協力体制ができている．新規事業の価値実現には時間がかかるので，既存事業の業績評価とは異なり，質の高い試行錯誤を実施し，仮説検証を通じて新規事業を創出に必要な学びができているかどうかで評価されることが多い．

組織内で知の探索と知の深化の違いを理解し，事業部門間を越境して新しい価値を創造できるようになった従業員は，組織外でも同じことができるようになる．全く異なる業種の企業であっても，スタートアップ企業であったとしても，他の組織を巻き込んで，新しい知識を吸収し，そこから新しいアイデアやコンセプトをつくり，新しい価値として事業化できる人材が育っていく．

さらに，先進的な地方自治体では，民間企業の人材を採用し，多くの分野で社会課題解決のために民間企業との協働・共創を推進している．行政機関だけで社会課題を解決することは難しく，企業との協働・共創が不可欠な時代に入っている．多様なセクターをまたがる共通言語をもつことで，イノベーション・エコシステムの一員として，新しい価値を創造できる企業になれる．しかし，共通言語をもてなければ，イノベーション・エコシステムからは孤立してしまう組織になってしまうのである．

もちろん，新しい OS を導入しても，慣れ親しんだ古い OS からの変革には，組織の従業員の意識改革も必要となる．トップマネジメントが知の深化で培った文化やシステムを尊重しながら，組織としてイノベーションへのコミットメントを示す必要がある．トップマネジメントがイノベーションにコミットすることで，従業員が知の探索と知の深化の違いを理解し，イノベーションに対す

る共通認識ができるようになるのである．

　この規格には，このようなトップマネジメントの役割や支援体制のあり方，組織文化の改革についても示しているのである．

第3章 イノベーション・マネジメントの原理原則

　第3章では，イノベーション・マネジメントシステム（IMS）の原理原則について説明する．ISO 56002（JIS Q 56002）の序文（"0.2 イノベーション・マネジメントの原理原則"）には，次のように八つの原理原則が定められている[8]．

a) 価値の実現

b) 未来志向のリーダー

c) 戦略的方向性

d) 組織文化

e) 洞察の活用

f) 不確実性のマネジメント

g) 柔軟性

h) システムアプローチ

　ここでは，この八つの原理原則をどのように理解すればよいかを整理しておきたい．他の ISO マネジメントシステムもそれぞれのシステムの基盤となる原理や原則があるが，この規格との違いをしっかり理解することがイノベーション・マネジメントシステム（IMS）の理解には不可欠な要素であるので，イノベーション活動の効果的なマネジメント及びシステム（IMS）の基盤になっている八つの原理原則について理解を深めていこう．

　イノベーションをセレンディピティ（偶然の産物）ではなく，継続的に興すことができるような組織には，この八つの原理原則が適切に備わっていることが多い．それぞれの原理原則について一つずつ説明する．

---

[8]　ISO 56000:2020 には，八つの原理原則について "1. 説明，2. 理論的根拠，3. 主な便益，4. 取りうる行動" の四つに分けて詳細に説明されている．

1. 価値の実現

　価値の実現は，本書の第1章で説明したイノベーションの定義そのものである．イノベーションの意味とは，"新しい価値"を"顧客や社会に届ける"ことである．価値にもいろいろあるが，ISO 56002で実現する価値として財務的，又は非財務的な価値を含むものと定めている．経済的な価値だけでなく，SDGsが目標とするような社会的な価値や，組織のブランドイメージ向上，あるいは，我々の感情や感性に訴えるようなことも価値に含まれる．つまり，見えないものや，測定がなかなか難しいものも含めて"価値"ということである．

　価値の実現を検討する際，短期的な経済的価値に焦点を当てるのではなく，社会的価値や顧客価値に焦点を当てることが肝要となる．経済的価値はサービス提供者の視点でみた価値であり，そこに焦点を当てると組織の存在意義そのものを忘れてしまうことが多いからである．社会的価値や顧客価値があるからこそ，組織は存在できるという原点を忘れてはならない．

　社会的価値や顧客価値は，社会やサービス受益者の視点による価値であり，"顧客や社会に届ける"という価値を問い続ける原点になる．現在の組織の抱える問題（issue）を解決するというフォーキャスティングの思考から一旦離れ，組織の存在意義を問い，どのような未来を実現したいのか，そのような未来を実現するには何が必要かをバックキャスティングで考えることが肝要なのである．社会的価値や顧客価値に焦点を当てるメリットは，公共性の高いインパクトを内外に明らかにすることにより，従業員を含む多様な利害関係者の巻込みを可能にすることである．

　第1章で紹介したオープン・イノベーションの実践においても，目先の経済的価値を追求するという短期的な目的だけでなく，社会的価値を継続して追求していくという長期的な目的をもつことで，意志をもった多様な利害関係者を味方に集めることが可能になるのである．

2. 未来志向のリーダー

ここでいうリーダーとは，トップマネジメントだけではなく，あらゆるレベル（階層）のリーダーのことを指す．あらゆる階層のリーダーが好奇心と勇気をもち，刺激的なビジョンと目的を定め，その目的達成のために人々を巻き込んでいくということである．ここでは，イノベーションを通して"どのような未来を創りたいのか，どのような目的でイノベーション活動を行うのか"を示すことが重要となる．

1の"価値の実現"で示した組織が目指すインパクト（社会的価値）からバックキャスティングして，それぞれの持場，立場において，現実での価値ある変化を見いだし，自分たちが創りたい未来を目指して，組織を動かしていくことができるリーダーが未来志向のリーダーである（図3.1参照）．来たるべき未来を創る意志が，洞察の原動力にもなるのである．

既存事業も当然重要ではあるが，それだけに特化した"現在指向のリーダー"では，組織の継続的な成長や組織の目指すべき未来を示すことはできない．知の深化と探索の両方を追求できるリーダーシップが未来志向のリーダーであり，そういったリーダーが組織の未来を創るのである．リーダーシップについては，箇条5に示されている．

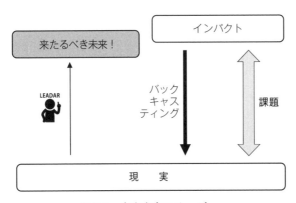

図 **3.1**　未来志向のリーダー

3．戦略的方向性

　戦略については多くの定義があるが，ここでいう戦略とは"環境の変化に対応して，組織が長期的に生き残るための改革指針"と考えればいい．すなわち，この戦略的方向性，組織が長期的に生き残るための改革指針の方向性とその適応範囲を決定し，明文化することがまず重要となる．この原理原則は，イノベーションの意図や戦略，方針等とも関連しているため，箇条4と箇条5に関連している．

　戦略的方向性は，イノベーション・マネジメントシステム（IMS）を構築・導入するうえでの出発点という位置付けである．最初に"どのようなイノベーションを興すのか，それをどのような戦略で行うのか"が明確にならないことには，実際のシステム（IMS）構築やイノベーション活動には移れない．しかし，意外に明確に戦略的方向性を定めないまま，システム（IMS）構築を始めてしまう例は多々見られる．こういったことがきちんと示され，組織全体で共有されていないと，なぜイノベーション活動をするべきなのか，なぜ不確実なものに投資するのかなど，常に疑問や反対意見が寄せられ，イノベーション活動の担当者は内部の抵抗にさらされる．そういったことがないよう基本を押さえ，必要なビルディングブロック（イノベーションの意図，戦略，方針等）をきちんと積み重ねながら構築してほしい．

　戦略的方向性や目的，野心的な目標を明確に示したうえで，事業を進めた例としてあげられるモデルが，Netflix社である．インターネットを通じたDVDレンタルサービスとしてスタートした．このモデルは，ユーザーがオンラインで映画を選び，ポストでDVDを受け取り，視聴後に返却するというビジネスであった．

　ブロードバンドの普及と技術の進化を受けて，Netflix社はオンラインストリーム事業に特化したビジネスモデルに大きく転換した．単純なDVDのレンタルビジネスから，サブスクリプションモデルへの転換は容易ではない．毎月定額サービスの登録は簡単ではあるが，常によいコンテンツを配信し，システ

ムメンテナンスを行い，客先サービスを充実させないとすぐに解約されてしまう．そのうえ，このようなビジネスモデル[*9]の転換は，これまでの事業のすべての機能の見直しが必要となる．この思い切った決断をする際，戦略的に新しい方向に進んでいくことと，なぜそのような決断をしたのかということを社内に示したことで，従業員が一丸となって目指すべき方向性に向けて活動を行うことができたのである．

4. 組織文化

　品質を中心とする伝統的なマネジメントは"効率性"に重きが置かれていた．しかし，イノベーション・マネジメントを実践するためには"創造性"が重要な要素となる．ただし，創造性だけでは価値を実現することができない．同時に効率的に実行することも重要であり，その両方が共存・協調している組織文化が重要となる．

　創造性を発揮するためには，多様性を尊重し，異なる視点や意見を奨励する組織文化が重要であるが，そのためには高い"心理的安全性"を確保することが必要不可欠である．心理的安全性を確保することで，多様な視点や意見を共有できる場が生まれ，イノベーションの種となるアイデアが多く生まれる，賢い集団ができあがるのである．

　そういった心理的安全性・多様性を確保したうえで，協働・共創を奨励し，自分たちとは異なる強みや力量をもつ他社とともにオープン・イノベーションを行うことで，イノベーションの成功確率を高めることができるのである．

[*9] ビジネスモデルとは，どのように価値を創造し，顧客に届けるかを論理的に記述したもの．Apple 社がスマートフォンの製造・販売というビジネスモデルから，スマートフォンで利用できるアプリケーションを提供・販売するプラットフォームを構築することで新しいビジネスモデルをつくり上げた．新しいビジネスモデルをつくり上げることがイノベーションであり，これはビジネスモデル・イノベーションと呼ばれている．このように，デジタル技術の進展により，ビジネスモデルの変革によるビジネスモデル・イノベーションが増大している．

イノベーションを次々と興す Google 社は，どのような組織文化をもっているのであろうか．この問いかけには，同社が実施した“Google re：Work”（リワーク）における取組みの一つである“Project Aristotle”（プロジェクト・アリストテレス）という生産性改革プロジェクトが参考になる．社内の 180 のチームを 4 年の歳月をかけて調査し，“高い成果を生むチーム”がもつ五つの成功要因を抽出した（図 3.2 参照）．

ここでも，心理的安全性が筆頭にあげられている．“① サイコロジカル・セーフティー（心理的安全性）”は，組織における人材の関係性の質を上げ，“② 相互信頼”及び“③ 構造と明確さ”によって人材の行動の質が高まり，“④ 仕事の意味”及び“⑤ インパクト”で人材の熱意が高まる．“④ 仕事の意味”と“⑤ インパクト”については，1 の“価値の実現”及び 2 の“未来志向のリーダー”で説明した内容と同じである．

図 3.2　グーグルが発見したチームの成功要因－ Project Aristotle
（出典：https://rework.withgoogle.com/jp/guides/understanding-team-effectiveness/#identify-dynamics-of-effective-teams）

このように，イノベーションを創出している組織は，組織文化の重要性を理解し，継続的な改善に取り組んでいるのである．

5. 洞察の活用

経営学という視点からイノベーションの必要性を最初に説いたドラッカーは，企業の目的は顧客の創造であると定義し，顧客の要求を満足させるマーケティングに対して，顧客が気付いていない要求そのものを生み出すことをイノベーションと定義した[8]．顧客や社会が自分たちの課題や欲しいものが常にわかっているわけではない．目の前に製品やサービスとして示してもらわないと，自分が欲しいものや求めているものはわからないのである．

イノベーション活動には，創造的なアイデアが必要だが，アイデアが提案する解決策を考える前に，そのアイデアで解決しようとしている機会，課題，問題に関する洞察が重要となる．時代の変化の中で，顧客や社会がどのようなことに便益や痛みを感じ，どのようなことを求めているのかについての洞察を得ることがイノベーションの原点になる．

変化の中から未来を見つけるには，図3.3に示す社会，経済，技術，環境，政治の変化の中に，来たるべき未来を見いだし，消費者も気付いていないニーズを発見することが重要となる．社会，経済，技術，環境の変化は，それぞれ関係しており，その変化を受けて政治的な対応をしている．

同図は，ある特定の地域だけでなく，来たるべき未来に向かって一歩先に進んでいる国を見ることも大切であることも示している．このような"変化"の中から，未来を見つけ，未来を創っていく活動がイノベーションであり，そのためには多くの情報源を活用し，さまざまな新しい知識を手に入れ，そこから洞察を導き出す．そういった洞察からイノベーションは生まれるのである．

ここでは，明示されたニーズと明示されていないニーズという2点について言及されている．言い換えれば，"形式知"と"暗黙知"である．明示されていないニーズ（暗黙知）を，いかに洞察を通して導き出すかがイノベーショ

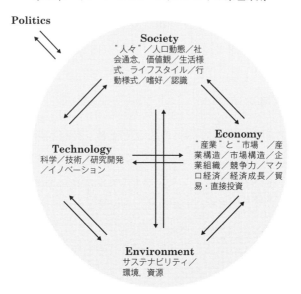

図 3.3　時代の変化[9]
(出典：“戦略の創造学”，山脇秀樹，東洋経済新報社，2020)[9]

ンを興すうえで最も難しく，重要な点である．例えば，アルツハイマー病治療薬の新薬で脚光を浴びているエーザイ株式会社は，知識創造部という部門を設置し，暗黙知を獲得していくという活動を組織的な経営システムに組み込んでいる．洞察の追求を重視し，全社をあげて組織的に行うことが，市場や顧客から求められる新薬を生み出すという成果につながっている．

6．不確実性のマネジメント

　不確実性のマネジメントに関しては，主に二つの考え方がある．一つは，“リスクを評価し，そのうえで試行錯誤を続けること”であり，もう一つは長期的に投資収益を最大化させるためのリスク分散という意味での“ポートフォリオマネジメントを行うこと”である．

　“リスクを評価し，そのうえで試行錯誤を続けること”とは，イノベーショ

ン活動の各プロセスを段階的に認識しながら，仮説検証を繰り返すことが重要であることを意味する．

図 3.4 に示すように，機会の特定やコンセプトの創造時点の開発の初期段階では投資を抑えつつ，不確実な仮説を検証してリスクを軽減する．このプロセスによりソリューション開発や導入に必要な投資を効果的に行えるようになる．

ベンチャーキャピタリストなら，イノベーションの段階が進むごとに資金調達が求められる．次の資金調達に向けどこまでその新事業の成功確率が上がったか，すなわち不確実性を低下できたかが重要となる．予定どおりのマイルストーンが達成できない場合は，資金調達ができず，開発が進められなくなるのである．

"ポートフォリオマネジメントを行うこと"は，年金ファンドの運用と同じ発想である．リスクの低い国債等の投資からリスクの高いベンチャーファンドへの投資まで，リスクに応じた投資対象を組み合わせて，ポートフォリオとし

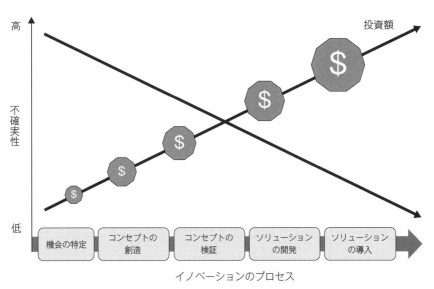

図 3.4　イノベーション・プロセスにおける不確実性のマネジメント

てリスクを下げ，投資回収（リターン）の最大化を図る方法である．ローリスク・ローリターンとハイリスク・ハイリターンをベースに，国や業界のリスク特性の違う投資を組み合わせることで，リスク分散を行うのである．

　本書のイントロダクションにおいて，イノベーション・アンビション・マトリックスを使ってポートフォリオの活用について説明した（18 ページ）．ここでは，不確実性という視点から市場・顧客という軸と製品・ビジネスモデルという軸に分けて，ビジネスモデルの視点も入れて，投資領域を中核，隣接，周辺，革新の四つに分類している図で紹介する（図 3.5 参照）．このようなポートフォリオを活用することで，不確実性という視点からポートフォリオを四つに分類して管理することにより，不確実性の低い既存の事業だけでなく，不確実性の特徴（市場・顧客・製品・ビジネスモデル）に合わせて新規の事業分野に取り組む方針が立てられるようになるのである．

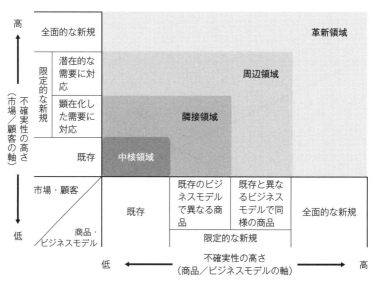

図 3.5　イノベーション別に分類した投資領域の考え方[10]
（出典："イノベーションの再現性を高める新規事業開発マネジメント"，北嶋貴朗，
日本経済新聞出版，2021）[10]

7. 柔軟性

柔軟性とは，イノベーションの取組みを既存の事業プロセスや構造に無理に適合させず，状況や課題に応じて適切に調整するという原則である．イノベーションの意図から価値の実現までの道のりにおいて，不確実性をできるだけ早く減らしていくためには，本書のイントロダクションのリーン・スタートアップで紹介した"構築→計測→学習のフィードバック・ループ"をできるだけ早く回すことが肝要となる．既存の構造やプロセスにあてはめて，このフィードバック・ループを回そうとすると，内部の調整に時間をとられ，価値の実現に時間とコストがかかってしまう．

既存の組織にとっては失敗であっても，イノベーションに取り組む人材にとっては学びになる．既存の構造やプロセスに合わせようとするのではなく，不確実性を下げるために必要な仮説を立て，仮説検証を通じて，新しい学びを得る．その学びから柔軟に方向転換（ピボット）して新しい仮説検証をする．そのような柔軟性が求められているのである．

柔軟性が成功の鍵であることは，イノベーションの意思決定において明確になってきている．20世紀において，大企業における戦略上の意思決定は，市場環境の大きな変化を想定せず，未来を予測し，戦略計画を立案し，その計画を実行していくという"コーゼーション"と呼ばれるアプローチが一般的であった．しっかりした計画を立て，その計画を執行するというアプローチである[11]．

しかし，21世紀に入り，成功を収めてきた起業家に見られる思考プロセスや行動のパターンを分析すると，全く異なるアプローチをしていることがわかった．未来は予測不能であるという前提のもと，所与の資源や手段を用いて，結果を創り出していくことに重きを置く"エフェクチュエーション"と呼ばれる意思決定をしていたのである[11]．

予測可能な未来への戦略立案に活用するコーゼーションは，既存市場をもつ大企業に採用されてきた戦略策定の方法で，市場調査をし，経営資源を確保し，

計画を立ててから製品開発をしていくアプローチである．それに対してエフェクチュエーションは，経営資源に乏しいスタートアップで採用されてきた方法で，現有の限られた経営資源と能力を最大限に活用しながら，不確実性の高い状況で進むべき方法を見つけ出すアプローチである．

エフェクチュエーションでは定められた計画があるのではなく，与えられた環境を理解し，組織としてできるところから始めて，そこで出会ったパートナーと協力関係を結びながら，次の展開に結び付けているのである．重要なことは，コーゼーションのように，計画どおり実践するという発想ではなく，活動の中で得られる関係性を最大限に活かし，柔軟に対応する必要があるということである．悪いレモンが手に入ったらレモネードにするという"レモネードの原則"*10 もあり，計画どおりにはいかないことを前提とし，それでも柔軟に対応する重要性を原則としているのである．

8．システムアプローチ

"システムアプローチ"という言葉は規格で何度も出てくる表現であり，非常に重要な原理原則である．ドネラ・H・メドウズによれば，"システムは'要素'と'相互のつながり'とそのシステムが果たす'目的or機能'で構成"されている[12]（図3.6参照）．システムを構成する要素は，相互依存的で動的な関係であるため，ある要素が変わると他の要素にも影響がある．

人体のシステムをみれば，この相互依存的で動的な関係はよくわかる．循環器系システムなら，心臓，血管，血液等が"要素"で，それらがつながり，酸素と栄養を全身に供給し，二酸化炭素と代謝廃棄物を排出している．呼吸器系システムなら，肺，気管，横隔膜等が要素で，それらがつながり，酸素を取り込み，二酸化炭素を排出している．そして，循環器系システムと呼吸器系システムもつながっており，一方のシステムの要素がうまく機能しなくなると，シ

---

*10　もし思ったとおりの結果（レモン）が得られなくても，その結果を違う視点から分析してみて，価値あるもの（レモネード）に変えていくと原則をいう．

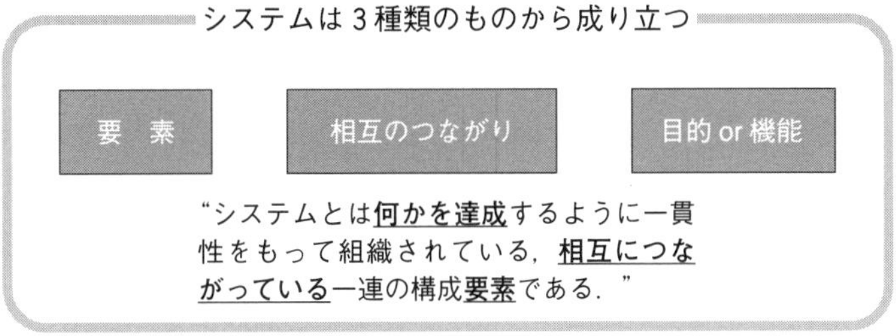

図 3.6　ドネラ・H・メドウズによるシステムの構成要素[12]

ステム全体に影響を与える．例えば，無呼吸症候群になれば，全体のシステムの要素である心臓の機能に影響を与える．

　イノベーション・マネジメントシステム（IMS）も，一つの要素に障害があれば，全体のシステムのパフォーマンスに影響を与えるのは明らかである．さらに，システム理論によれば，システムは互いに作用している複数の要素で構成され，部分に還元することはできない．イノベーションアイデアコンテスト[*11]のみの実施や，デザイン思考研修だけを行うなどの，個別の要素だけに手をつけても，なかなか思った成果は得られないということになる．

　イノベーション・マネジメントシステム（IMS）というシステム全体を俯瞰して，要素の相互関係性を理解しようとすることが大切となる．イノベーションによる価値実現ができているかどうか，パフォーマンスを定期的にモニタリングして評価し，そして改善することが重要となる．この評価と改善については，箇条9，箇条10に示されている．

　システムを評価する際，スピードも重要な視点となる．システム理論によると，システムの速度は，最も遅いサブシステムの速度に従う．そのため，そのような要素があればそれが律速，すなわちボトルネックとなる．非常に遅い箇所，例えば，特定の意思決定の機会が月に一度しかないとなると，その最も遅いところに全体のスピードが制御されてしまう．ボトルネックを見いだし，き

[*11]　新しいアイデアや解決策，ビジネスモデルを募集し，評価するコンペティションやイベントを指す．

ちんと対処する，こういったアプローチがイノベーションのマネジメントシステムをデザインしたり構築したりするうえで，非常に大事になる．

　最初から完成されたシステムが構築されることはない．そのため"成熟度"という考え方も大切である．図3.7に示すように，あまり体系化されていない段階から，まずは体系化する．次に戦略の中に織り込んでいく．それがスムーズに動くようになる．さらにアップデートされ，最後は自らシステムを革新する．こういった成熟度を意識して構築し，確認しながら高めていくというプロセスとして，イノベーション・マネジメントの構築・実践をとらえていく必要がある．

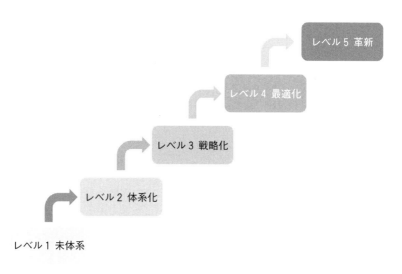

図3.7　イノベーション・マネジメントシステムの成熟度
（出典：エコシスラボ資料）

　以上，これら八つの原理原則の内容と重要性を理解いただけたであろうか．読み通していくと，八つの原理原則が単独で存在するのではなく，それぞれが関係していることも理解できたものと思う．

　簡単にまとめてみよう．イノベーションという未来の"価値の実現"には"不確実性のマネジメント"が求められ，"戦略的方向性"に基づき，"未来志向のリーダー"が"洞察を活用"し，組織がイノベーションに取り組める"組織文化"を構築することが重要であり，また"システムアプローチ"で"柔軟性"をもって進める必要がある．

　それでは，次の第4章から規格本文の説明に入っていこう．

第4章 イノベーション・マネジメントシステムの仕組みをつくる

4.1 この章の概要

第4章は，"4 組織の状況"と"5 リーダーシップ"，"6 計画"から構成されており，イノベーション・マネジメントシステム（IMS）の構築について説明している．

イノベーション・マネジメントシステム（IMS）は"戦略レベル""戦術レベル""オペレーションレベル"の三つの管理レベルから構成されている．

戦略レベルでは，なぜイノベーションが必要で，どのようなイノベーションを実現するのかについて，長期的な目的を達成するための組織の方針を決定する．箇条4から箇条5は，組織として戦略レベルで求められるイノベーション・マネジメントシステム（IMS）の基本構成要素である，イノベーションの意図，範囲，そしてイノベーションの戦略と方針が定義されている．

戦術レベルでは，戦略に基づき，どのようにイノベーションを推進するのかについて，短期的なイノベーションの目標を達成するための具体的な計画が箇条6で規定されている．

オペレーションレベルでは，戦術を効率的に実行するための日々の活動やプロセスが定義されており，"8 活動"で，オペレーションレベルの個々の"イノベーションの取組み"が規定されている．

全体を概観するために，これらの基本構成要素の関係性を図4.1に整理する．

箇条4では，組織の置かれる内外の環境と利害関係者のニーズ及び期待を分析し，組織のイノベーション戦略の基盤となる"イノベーションの意図"の策定が求められている．イノベーションの意図は"イノベーションの適用範囲"を決定するためにもなくてはならない戦略の礎となる．知の探索という不

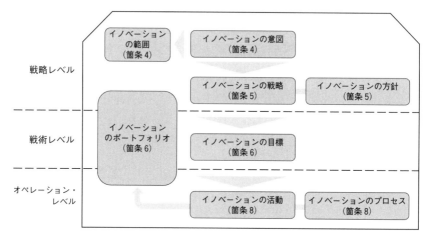

図 4.1　イノベーション・マネジメントシステムの
基本構成要素の関係図

確実な新事業を検討するとき，組織がどのような機会に挑戦すればいいのか，
その選択のシナリオを提供してくれるのが，イノベーションの意図である．

　箇条5では，トップマネジメントは，組織の戦略としてイノベーションの
意図に基づき，"イノベーションの戦略"や"イノベーションの方針"等の策
定が求められている．組織の戦略は既存事業の成長を軸に策定される場合が多
いが，不確実な状況における価値実現を視野に入れた，イノベーション活動に
特化した戦略が求められるためである．イノベーションの方針は，イノベーシ
ョンの戦略を設定するためのフレームワークを提供し，オペレーションレベル
で個々のイノベーション事案に取り組む際に求められる，組織戦略としてのイ
ノベーションの活動方針を示すものである．

　箇条6では，箇条4で分析した，組織の置かれる内外の環境と利害関係者
のニーズ及び期待を考慮し，"イノベーションの計画"を策定することが推奨
されている．イノベーションの計画は，組織のイノベーション戦略に基づき，
戦術的なレベルである部門や部署ごとに策定されるものになる．このイノベー
ションの計画策定には"イノベーションの目標"を明らかにする必要がある．

さらに，そのイノベーションの計画を管理・評価していくために，"イノベーションのポートフォリオ"の策定が求められる．

イノベーションのポートフォリオは，ボストン・コンサルティング・グループのポートフォリオのように，戦略レベルのもの（本書のイントロダクションの図2，17ページ参照）から限られた事業分野の新規事業群のポートフォリオのような，オペレーションレベルの活動に利用されるものもある．基本的には，戦略レベルで立案された戦略に基づき，本書の第1章の図1.2（23ページ参照）に示した"ポートフォリオ・マップ"のような全体を示す部門の戦術レベルのポートフォリオを策定することで，どのようにイノベーションを推進していくのかが明確になる．

組織としてイノベーション戦略を策定し，その戦略に基づき，部門レベルでイノベーションの計画ができれば，その計画に基づいて箇条8の個々のオペレーションレベルのイノベーションの取組みが実施される．それぞれのイノベーションの取組みは，機会の特定から始まり，コンセプトの創造・検証，ソリューションの開発・導入と続く，"イノベーションのプロセス"から構成されている．リーン・スタートアップで紹介したイノベーション・プロセスマネジメントの"構築→計測→学習のフィードバック・ループ"を活用することで，無駄な投資を避け，最短で実現することを目指すのである．

4.2 "4 組織の状況"

4.2.1 "4 組織の状況"の解説

"4 組織の状況"では，組織を取り巻く内外の状況の把握や利害関係者のニーズ及び期待の理解を通して，イノベーションの意図の確立や，イノベーション・マネジメントシステム（IMS）の適用範囲の決定，そして組織文化や協働（コラボレーション）[*12]のあり方を含めたシステム（IMS）の確立について規定している．

箇条 4 の構成要素は，次のとおりである．

---

4 組織の状況

　4.1　組織及びその状況の理解

　　4.1.1　概論

　　4.1.2　外部の論点

　　4.1.3　内部の論点

　4.2　利害関係者のニーズ及び期待の理解

　4.3　イノベーション・マネジメントシステムの適用範囲の決定

　4.4　イノベーション・マネジメントシステムの確立

　　4.4.1　概論

　　4.4.2　組織文化

　　4.4.3　協働

　次に示す図 4.2 のイノベーション・マネジメントシステム（IMS）の枠組みの説明においても，組織の状況が一番上にあり，システム（IMS）全体を包み込んでいることからもわかるように，ISO 56002 が規定する組織の状況には，システム（IMS）の方向性を決める大切なことが詰まっている．さらに，同図左側にある "機会に関する（イノベーションの）意図" が極めて大切である．

　次の図 4.3 に示すとおり，内部・外部の論点[*13]や利害関係者のニーズを踏まえ，組織のイノベーションの意図を確立する．イノベーションの意図の明確化はイノベーション・マネジメントシステム（IMS）の活動の出発点であり，独自の意図，強い意志，そして独創性があるかどうかが重要になる．そのイノベーションの意図を踏まえて，イノベーション・マネジメントシステム（IMS）の適用範囲を決定し，組織文化の促進や協働を含むシステム（IMS）を確立する．箇条 4 ではこうしたことが必要である．

[*12]　原文の "collaboration" は，"cooperation（協力）" との違いを明確にするため，JIS Q 56002:2023 では "協働" と訳している．

[*13]　原文の "issue" は，ISO マネジメントシステム規格を翻訳した JIS では "課題" と訳されるが，JIS Q 56002:2023 では "論点" と訳している．

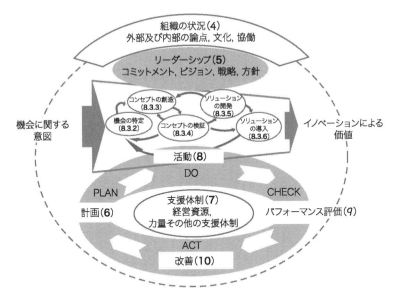

注記 数字は，この規格の箇条番号を示す．

図 4.2 イノベーション・マネジメントシステムの枠組みの説明[6]
（図 2.2 の再掲）

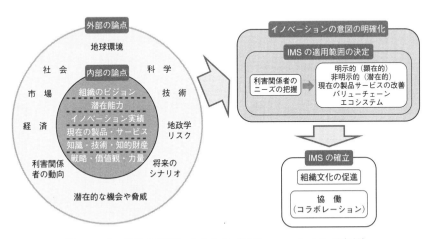

図 4.3 "4 組織の状況"の全体像（出典：エコシスラボ資料）

　イノベーション・マネジメントシステム（IMS）の適用範囲を決定する際には，図 4.4 に示すいわゆる 5W1H を考慮することが重要である．"なぜ（Why）"にあたる"イノベーションの意図"に基づいて，"Who（だれが）""How（どのように）""What（何のイノベーションを）""When（いつ）""Where（どこで）"を明確にすることで，システム（IMS）の適用範囲も定まり，そのうえでシステム（IMS）を確立するのである．

　例えば，Who（だれが）については，だれ（どの部門や部署）がイノベーション・マネジメントシステム（IMS）の推進を行うのかという点とイノベーション活動を推進するのかという 2 点を明確にする必要がある．特にイノベーション活動については，役割分担や責任者を明確にしないまま活動をすることが多いため，それらを明確にすることが重要である．これは"5 リーダーシップ"とも関連してくる．

　How（どのように）は，新規事業なのか既存事業なのか，What（何のイノベーションを）は，破壊的イノベーションなのか漸進的イノベーションなのか，あるいはプロセス・イノベーションを目指すのかプロダクト・イノベーションを目指すのかといったことである．

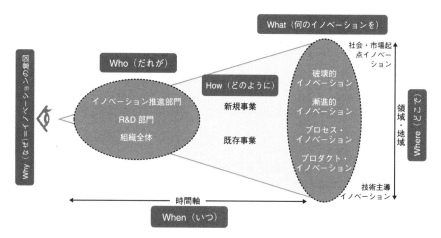

図 4.4　イノベーション・マネジメントシステム（IMS）の
適用範囲の決定（出典：エコシスラボ資料）

When（いつ）は，時間軸の観点での適用範囲を明確にすることであり，短期的な視点でのイノベーションなのか基礎研究などの長期的な時間軸でのイノベーションなのか，Where（どこで）は，どのような領域や地域を適用範囲に含めるのかということである．これらを明確にするということである．

上記の全体像を踏まえたうえで，箇条4における重要なポイントは，次の三つである．

4.2.2 "4 組織の状況"のポイント

> **"4 組織の状況"のポイント**
>
> 1. 組織を取り巻く外部と内部の状況，そして，内外の利害関係者のニーズ及び期待を常に理解しようとしているか．
> 2. 独自のイノベーションの意図，構想をもち，それに基づきイノベーション・マネジメントシステム（IMS）の適用範囲を明確にしているか．
> 3. イノベーションを興すのに望ましい組織文化の構築に努め，外部との協働のあり方や目的を明確にしているか．

それぞれ具体的にみていこう．

> **ポイント1：**
> 組織を取り巻く外部と内部の状況，そして，内外の利害関係者のニーズ及び期待を常に理解しようとしているか．

意図を考えるうえで，自分たちの意図だけでなく，周りからはどのように見えるのか，あるいは社会にとってどのようなインパクトがあるのか，パートナーや利害関係者がどのように考えるのかということをとらえることは，非常に大事である．

　箇条4に記載されている外部・内部の論点とは，組織の置かれている状況や文脈を深く理解することである．そして，その際に，前章で説明したイノベーション・マネジメントシステム（IMS）の原理原則が自社にどれほどあてはまっているかを検討することも重要である．

　外部の論点というのは，図4.3に示すとおり，"経済や市場，社会，地球環境，科学，技術の進歩，地政学リスク，将来のシナリオ，そして，こういったことがもたらす潜在的な機会や脅威，利害関係者の動向"などが規格内で言及されており，非常に幅広い内容を含み得る．

　一方，内部の論点というのは，組織のビジョン，潜在能力，イノベーションの実績，現在の製品やサービス，知識・技術・知的財産，戦略・価値観・力量，等がどのようになっているのかを確認することである．

　さらに，外部・内部の論点を"定期的に調査，分析"するとしており，一回限りの分析ではなく，繰り返し行っていくということが大事になる．表層的な分析だけでなく，価値実現の機会や顧客の困りごと，隠れたニーズ等も検討する，思いを馳せる必要があるということだ．

　また，利害関係者のニーズ及び期待の把握も重要な活動である．これらのニーズ及び期待は，現在のものだけではなく，将来に対するニーズ及び期待であり，明示されている顕在的なニーズ及び期待だけではない，非明示的である潜在的なニーズ及び期待に対してもどう踏み込めるかがポイントになる．これらはさらに，現在の製品やサービスの改善や新たなバリューチェーン，エコシステムも含み得る．非明示的である潜在的なニーズは，顧客や市場が気付いていないことを含むため，未来を先回りするような，市場や顧客に対する深い洞察が求められるのである．

　これは"注文を取って，注文どおりにしっかりモノをつくる"という多くの日本企業が強みを発揮していたビジネスモデルとは全く違う．顧客や，その他の利害関係者がまだ気付いていない困りごとや課題を理解し，それを価値につなげていくことが求められるということになる．

ポイント1に関連する規格本文を次に示す（一部抜粋）．

4.1.2 外部の論点

組織は，次の事項に関連する論点を考慮に入れ，外部の状況を定期的に調査及び分析することが望ましい．

4.1.3 内部の論点

組織は，次の事項に関連する論点を考慮に入れ，能力及び資産を含む内部の状況を定期的に分析することが望ましい．

4.2.2 利害関係者のニーズ及び期待は，次の事項に関連する場合がある．

a) 現在又は将来のニーズ及び期待

b) 明示された，又は明示されていないニーズ及び期待

ポイント2：
独自のイノベーションの意図，構想をもち，それに基づきイノベーション・マネジメントシステム（IMS）の適用範囲を明確にしているか．

皆さんの組織には，独自の"イノベーションの意図"があるだろうか．"こういう世の中を実現したい"，あるいは"こういった顧客のこの問題を解決したい"，そういった強い意志が共有されているであろうか．

イノベーション・マネジメントシステム（IMS）の出発点は，イノベーションの意図を確立することである．実現したい意図，構想があるからこそ，その実現に向けて，組織の経営システムを整える必要がある．

自分の組織がこのようなことを世の中に提供したい，あるいは変化を起こしたいと組織の全従業員が想っている，そして，サプライヤーや顧客など組織の関係者にも広くその意図が伝わっていることも重要な点である．

もし，明確なイノベーションの意図がいまないのであれば，まずはそれを確立することから始める必要がある．

　イノベーションの意図というのは，"市場で1番になりたい""新規事業で成長したい"といった願望を示すことではない．どのようなイノベーションを興そうとしたいのか，そのイノベーションを通して，どのような価値を届けたいのか，いわばどんなシナリオや構想を描くかということである．

　その意図を明確化する際に重要になるのが，ポイント1でも説明した内部・外部の論点と利害関係者のニーズの把握である．そして，イノベーションの意図が明確になって初めて，イノベーション・マネジメントシステム（IMS）の適用範囲も定めることができるのだ．

　それではここでイノベーションの意図の例をいくつかあげてみよう．

- ソフトウェアとそのサービスを提供するある企業は"より多くの顧客に，より手軽に自社の価値を届ける"ことを標榜し，以前のシステムの箱売りビジネスからサブスクリプションモデルに転換した．
- ある飛行機製造会社は"これまで経験したことのないワクワクを届ける"という意図のもと，飛行機というモノだけをつくるのではなく，顧客に新たな価値を提供するということでサービス産業にも参入した．

　これらは一例であるが，イノベーションの意図を明確にすることで，組織としてどんな価値を顧客に提供したいかが明確になり，新たなアイデアが出やすくなる．結果として組織一丸となって目指すべき方向に進むことができるのである．

　ポイント2に関連する規格本文を次に示す（一部抜粋）．

4.3　イノベーション・マネジメントシステムの適用範囲の決定

　組織は，イノベーション・マネジメントシステムの適用範囲を定めるために，組織のイノベーションの意図，並びにイノベーション・マネジメントシステムの境界及び適用可能性を決定することが望ましい．

　イノベーションの意図は，不確実性に直面した際に，機会が存在する分野において何が可能なのかについてのシナリオを描くことを可能にする．

4.4.1 概論

組織は，イノベーションの意図に合わせて，イノベーション・マネジメントシステムを確立し，実施し，維持し，かつ，継続的に改善することが望ましい．

イノベーションの意図は，イノベーションの戦略を決定する基盤となる．イノベーションの意図は，協力的な組織文化及び協働によって可能となる．

ポイント3：
イノベーションを興すのに望ましい組織文化の構築に努め，外部との協働のあり方や目的を明確にしているか．

組織文化については，多岐にわたる特性が指摘されているため，イノベーションに好ましい組織文化の特性については，下記にも示す4.4.2.1を参考にしてほしい．

その中でも特に大切な点は"仮定に基づく意思決定"と"客観的事実に基づく意思決定"の両立である．日本の多くの組織は，事実すなわちエビデンス（証拠）に基づく意思決定と，それに基づくPDCAによる改善に非常に慣れている．ややもすると，エビデンス及びPDCAに基づく意思決定がすべての仕事の基本だと思いがちであるが，これはオペレーション，すなわち計画や予測に基づく仕事の実行の仕方である．

一方で，イノベーションは試行錯誤である．試行錯誤は英語で"try and error"である．試して，失敗して，その失敗から学んで，また試すという活動を続ける．こういう仕事の原則である．試行錯誤をしているときに"計画"や"エビデンス"を求めすぎると，試せなくなってしまう．

　そのため，オペレーションをするときは事実に基づく意思決定，イノベーションに取り組むときは，仮定に基づく意思決定，これらを両立させて，使い分ける文化を確立すべきである．

　また，両立となると，どちらかが極端に小さくてマイノリティというわけにはいかない．仮に，いまの組織文化がオペレーション寄りであるならば，イノベーションとオペレーションを両立させるような，試行錯誤が奨励される組織文化にしていくことが望ましいと規格では推奨している．

　また，外部との協働の重要性と協働の際に留意する必要がある項目についても規格ではさまざまな言及がなされている．組織文化と協働の組織とは，イノベーション・マネジメントシステム（IMS）が実際に駆動しているかどうかを判断する一つの尺度と考えてよいであろう．そして，ここでいう協働とは，共同研究や，スタートアップ企業と大企業がマッチングするなどといった限定的なオープン・イノベーションの話だけをしているのではない．

　最近では“オープン・イノベーション2.0”とも呼ばれる，ユーザーや顧客のニーズ探索も含めて，ユーザーや顧客と協働することも求められている．ほかにも，他社と研究開発の部分で協働したり，ソリューションを市場展開するところで協働したりと，さまざまなところで，より広い協働が求められることになっている．

　イノベーション活動のあらゆるフェーズで，必要に応じて協働する．そのような体制と文化，最適な相手と素早く組む柔軟性も含めた協働の能力が問われているということになる．その際に大切なことは，利他性，社会性，公共性，であり，これらを踏まえたオープン・イノベーションの目的を明確にすることである．

　例えば“自社が儲けたい”ということが見え隠れするような目的では，オープン・イノベーションにおいて，だれも集まらないであろう．“社会や世の中のためになる”といった高尚な意図や構想，つまり，よい目的があってこそ，それを実現するための，価値を生み出すエコシステムの構築が可能になるのである．

協働又はオープン・イノベーションを行う目的が明確になっていなければ，実際のパートナーを見つけることは不可能である．多くの組織でオープン・イノベーションがうまくいかない理由として，目的が明確になっていない，あるいは目的を設定していてもそれが組織の従業員や関係者に共有されていないからということが散見される．こういった失敗を避けるためにも，協働のあり方や目的を確立することが重要である．

ポイント3に関連する規格本文を次に示す（一部抜粋）．

4.4.2 組織文化

4.4.2.0 組織は，イノベーション活動を支援する組織文化の醸成を促進していくことが望ましい．その組織文化は，イノベーションを興す上で必要となる，創造的な考え方及び行動と，決まった活動を確実に行う考え方及び行動との共存を可能にする．

4.4.2.1 組織は，次のような特徴をもつ職場環境の提供について考慮することが望ましい．

h） 仮定に基づく分析及び意思決定と，客観的証拠に基づく分析及び意思決定との両立

4.4.3 協働

協働によって次のような活動を支援することが可能である．顧客のニーズ，期待及び論点の特定，アイデア，知識，力量及びノウハウの共有，インフラストラクチャ，ポートフォリオ，市場及び利用者へのアクセス，新たな力量及び経営資源の獲得，並びにイノベーション活動の共同実施などの活動．

4.3 "5 リーダーシップ"

4.3.1 "5 リーダーシップ"の解説

"5 リーダーシップ"では，トップマネジメントに求められるイノベーション・マネジメントシステム（IMS）の確立・導入時に必要なリーダーシップやコミットメント，特に価値実現の重視やイノベーションのビジョン・戦略・方針の確立，そしてイノベーション活動における組織の役割，責任及び権限の決定について規定されている．

箇条5の構成要素は，次のとおりである．

---

5 リーダーシップ
　5.1 リーダーシップ及びコミットメント
　　5.1.1 概論
　　5.1.2 価値実現の重視
　　5.1.3 イノベーションのビジョン
　　5.1.4 イノベーションの戦略
　5.2 イノベーションの方針
　　5.2.1 イノベーションの方針の確立
　　5.2.2 イノベーションの方針の伝達
　5.3 組織の役割，責任及び権限

イノベーション・マネジメントシステム（IMS）の確立・導入には，トップマネジメントの主体的な関与とコミットメントが不可欠である．それはイノベーション活動が，既存事業とは異なる，不確実性の高い活動であり，既存事業に最適化された組織とは異なる原理原則が求められるからである．その点でもトップマネジメントのリーダーシップやコミットメントなしでは，システム（IMS）の確立・導入は不可能である．

箇条5のリーダーシップでは，箇条4で確立されたシステム（IMS）［イノベーションの意図，システム（IMS）の適用範囲を含む］に対して，トップマネジメントのリーダーシップやコミットメントが示されている（図4.5参照）．

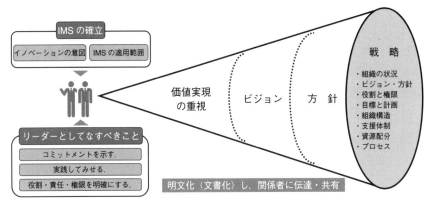

図 4.5 "5 リーダーシップ"の全体像（出典：エコシスラボ資料）

　その中で必要とされるのが，価値の実現へのコミットメント及びイノベーションのビジョン・戦略・方針の確立である．また，組織の役割を明確にし，責任者やそれぞれのもつ権限についても明確にする必要がある．既存事業とは異なるイノベーション活動であるからこそ，こういった項目を明確にし，さらに明文化（文書化）することで，組織内外の関係者に共有することが重要になるのである．これらの要素をすべて整えることが，この規格が意図するところのリーダーシップであり，ただ単に"イノベーションは重要である"という掛け声をかけるだけでは不十分である．必要な項目の整備を含めた具体性のある行動を取ることが，トップマネジメントのコミットメントを示すということである．

　上記の全体像を踏まえたうえで，"5 リーダーシップ"には，三つの重要なポイントがある．

4.3.2　"5 リーダーシップ" のポイント

> ## "5 リーダーシップ" のポイント
>
> **1.** 機会及びリスクのバランスや失敗の許容度を示し，価値実現へのコミットメントを示しているか．
>
> **2.** イノベーションのビジョン・戦略・方針の確立を明確にし，組織の隅々に行きわたらせているか．
>
> **3.** イノベーションに関する組織の役割，責任及び権限を明確に割り当て，組織内に浸透させているか．

それぞれ具体的に見ていこう．

> **ポイント1：**
> **機会及びリスクのバランスや失敗の許容度を示し，価値実現へのコミットメントを示しているか．**

本書の第1章でも説明したように，イノベーションは，独自の意図に基づき，試行錯誤を通じて "価値を実現する" というのが本質である．また，本書の第3章で説明したイノベーション・マネジメントシステム（IMS）の原理原則においても "価値の実現" が最初に記載されている．そして，この箇条5では "5.1.2 価値実現の重視" において，この規格が価値の実現を中心に置いているということが明確に示されている．このポイント1では，価値の実現にトップマネジメントが明確にコミットしているかどうかが問われている．

同時に規格には "機会及びリスクのバランスを考慮する" "失敗の許容度を考慮する"，そして "仮説を試し，仮定を検証するため，（中略）実験及びプロトタイプ化することを認める" という記載まである．

これは，組織が試行錯誤，すなわち仮説検証と失敗，そこからの学習を繰り返すことをトップマネジメントが許容し，奨励することを求めているのである．

　イノベーションのビジョン・戦略・方針を示し，組織の役割，責任及び権限を定めたうえで，それに基づき，実際に試行錯誤が行われていることまでを確実にすることが，イノベーション・マネジメントシステム（IMS）の求めるリーダーシップのあり方といえる．

　もちろん100％成功するイノベーション活動などあり得ないので，機会及びリスクのバランスを考慮したうえで，どこまでの失敗は許容するのかを示すことがトップマネジメントには求められるのである．例えば，"機会の特定"の段階ではどこまでの不確実性及び失敗を許容するのか，"ソリューションの開発"の段階ではどこまでの不確実性及び失敗を許容するのか，リスクも踏まえながら，それぞれの基準を示すことがトップマネジメントの役割に含まれている．

　ポイント1に関連する規格本文を次に示す（一部抜粋）．

5.1.2　価値実現の重視

　トップマネジメントは，次の事項によって，価値実現の重視に関するリーダーシップ及びコミットメントを実証することが望ましい．

b) 損失機会の結果を含め，機会及びリスクのバランスを考慮する．

c) リスク選好度及び失敗の許容度を考慮する．

ポイント2：
イノベーションのビジョン・戦略・方針の確立を明確にし，組織の隅々に行きわたらせているか．

　イノベーション・マネジメントシステム（IMS）の確立・導入は，これまでの経営システムの延長線上では達成することが難しく，新たな経営のアプローチが必要になる．そのため，トップマネジメントの主体的な関与を前提とした，強いリーダーシップとコミットメントが求められる．

　箇条5を細かく読むと，リーダーシップに具体的な行動を求めていることがわかる．また，このポイントはイノベーション・マネジメントシステム

（IMS）の八つの原理原則の "未来志向のリーダー" とも非常に密接に関わる点でもある.

　イノベーション・マネジメントシステム（IMS）におけるリーダーシップの発揮というのは "掛け声" だけを意味しているわけでもなければ, "あるべき論" の話をしているわけでもない. 具体的な行動を起こし, 実践を自ら体現することである. つまり, 具体的な行動を実現しているかどうかが鍵になる.

　特に重要になるのがイノベーションのビジョン・戦略・方針の確立を明確にすることである. もし現在の組織にこういったことが整備されていないのであれば, トップマネジメントのコミットメントとしてこれらの項目を立案することが必要になる. ビジョン・戦略・方針を策定するだけでは意味がなく, それらを組織内部に浸透させることも重要である.

　ここで, "5 リーダーシップ" でいうイノベーションのビジョン・戦略・方針がそれぞれ何を指すのかを説明する.

（1）　イノベーションのビジョン

　イノベーションのビジョンとは, "こういう社会を実現したい", あるいは "こういう困りごとを世の中からなくしたい" という組織の目指すべき姿・強い意志である. 組織としての構想を示すということもできる.

　目指すべき姿や強い意志, 構想が含まれなければ, ビジョンと呼ぶことはできず, 組織内外の利害関係者にも広く共有され, 信じられ, その行動を駆動しなければならない.

　この規格においても, イノベーションの戦略と方針の枠組みも提供するようなイノベーションのビジョンを確立し, 実施し, 維持する必要性が記載されおり, イノベーションのビジョンの重要性が理解できるであろう.

（2）　イノベーションの戦略

　イノベーションの戦略とは, イノベーションが組織にとって重要な理由, イノベーションの領域, 対象とする利害関係者の期待や困りごとなどを, 反映したり解決したりする方策である.

"イノベーションで成長したい" "こんなイノベーションを想定している" というのは，単なるスローガンや掛け声であり，具体性がないため，イノベーションの戦略とはいえない．

　組織の状況はどのようになっていて，組織として果たすべき役割と責任は何か，だれがどのような組織体制で取り組むのか，そして，その目標と計画を示したうえで，試行錯誤のプロセスや経営資源，支援体制をどのように充実させるのかなどにも触れ，必要とされるすべての構成要素についての言及が含まれることが重要である．イノベーションの適用範囲でも説明した5W1Hが明確に示されていることがイノベーションの戦略にも求められるのである．

(3)　イノベーションの方針

　イノベーションの方針とは，ビジョンに従って立てられ，細かいことを取り決める戦略に方向性を示すものである．

　方針の中では，組織のイノベーション活動へのコミットメントが明確に示されている必要がある．イノベーション・マネジメントシステム（IMS）の原理原則における "価値の実現" や "不確実性のマネジメント" を組織においてどのように行うのかを明らかにする．そして，従業員に浸透して初めてイノベーションの方針がその役割を果たすことができる．

　ポイント2に関連する規格本文を次に示す（一部抜粋）．

5.1.3　イノベーションのビジョン

　トップマネジメントは，次の事項を満たすイノベーションのビジョンを確立し，実施し，維持することが望ましい．

a) 組織の将来の役割及び組織のイノベーションの望ましい影響を含め，イノベーション活動の点から，組織が望む将来の状態を描いている．

5.1.4.1　トップマネジメントは，単一又は適宜複数のイノベーションの戦略を確立し，実施し，維持し，その戦略について次の事項を確実にすることが望ましい．

a）イノベーション活動が組織にとって重要である理由を説明している.

5.1.4.2

　イノベーション活動に特化した戦略を策定する根拠は, 不確実な状況において価値実現を重視することにある. これには, 仮定に基づく意思決定と証拠に基づく意思決定との両立を必要とし, また, 新しい又は修正された実践, リーダーシップ, 組織構造及びプロセスを必要とする.

5.2.1　イノベーションの方針の確立

　トップマネジメントは, 次の事項を満たすイノベーションの方針を確立し, 実施し, 維持することが望ましい.

a）イノベーション活動へのコミットメントを表現する.

b）組織の目的及び状況にとって適切であり, 組織の戦略的な方向をイノベーションのビジョンに合わせて, 支援する.

ポイント3：
イノベーションに関する組織の役割, 責任及び権限を明確に割り当て,
組織内に浸透させているか.

　イノベーション・マネジメントシステム（IMS）で定めているイノベーションの基本的な考え方は, 属人的な活動ではなく, 組織全体の活動として行うということである. 一部の天才に依存する個人主導型のイノベーション活動は, 組織の持続性・継続性に大きな不確実性をもたらす. 組織の存続を考えるうえでも, 組織としていかに継続的にイノベーションを興していくかが重要になる. 組織技でイノベーション活動を行う際には, 部署や個人などそれぞれの役割, 責任及び権限を具体的に定めることが重要である. そして, その役割, 責任及び権限をトップマネジメントから現場の従業員まで浸透させることが, リーダーシップの重要な役目となる.

　ここで, "だれがイノベーション活動をするのか"ということを考えてみた

い．例えば，次なるイノベーションの種を探す"機会の探索活動"においてではどうだろうか．専門の部署が責任をもって行うケースもあれば，全従業員がアンテナを張って行うケースもあるだろう．当然，どちらがよいということではないが，組織の状況に則った方針や戦略に基づき，"機会の探索"が何をする活動で，だれが，どのぐらいの期間をかけて，どのように実施するのかを明確に決め，組織内で浸透させていくことが大切なのである．

こうした役割，責任及び権限を，明確にしておかなければ，イノベーション・マネジメントシステム（IMS）におけるリーダーシップを発揮していることにはならない．既存事業では当たり前の事項として決まっているこういった項目が，イノベーション活動になると曖昧なまま進められる状況が散見される．また，役割と責任をただ決めるだけでも不十分である．組織の皆が理解し，それに基づいて皆が動いて初めて，システム（IMS）が求めるリーダーシップが発揮されているといえる．

つまり，"イノベーションは重要だ！"と大きな掛け声をかけるだけとは全く異なる，具体的な意思決定，あるいは行動を伴うリーダーシップが必要なのである．それがこの規格には示されているということをここではあらためて押さえてほしい．

ポイント3に関連する規格本文を次に示す（一部抜粋）．

5.3 組織の役割，責任及び権限

5.3.0 トップマネジメントは，組織内において，適切な役割に責任及び権限が割り当てられ，伝達され，理解されることを確実にすることが望ましい．

4.4 "6 計画"

4.4.1 "6 計画" の解説

　箇条6の表題を見たときに，"イノベーションって計画できるの？"と思われた読者の方も少なくないのではないだろうか．しかし，本書の第1章や第2章で説明しているとおり，この規格は"イノベーションの国際規格"ではなく，"イノベーション・マネジメントシステム（IMS）の国際規格"である．既存の経営システムとは原理原則や考え方が異なるイノベーション・マネジメントシステム（IMS）を組織に導入・成熟させていくためには，優先順位を付けて，より重要な要素から整えていくという"計画"が求められる．箇条6には，その重要な要素である，システム（IMS）を実現するための計画，特に機会及びリスクへの取組み，イノベーションの目標，必要とされる組織構造，イノベーションのポートフォリオが記載されている．

　箇条6の構成要素は，次のとおりである．

---

6 計画
　6.1 機会及びリスクへの取組み
　6.2 イノベーションの目標及びそれを達成するための計画策定
　　6.2.1 イノベーションの目標
　　6.2.2 目標を達成するための計画
　6.3 組織構造
　6.4 イノベーションのポートフォリオ

　箇条4と箇条5では，組織の状況を踏まえて確立されたイノベーション・マネジメントシステム（IMS）をもとに，イノベーションのビジョン・戦略・方針が確立し，組織の役割，責任及び権限が明確になった．"6 計画"では，イノベーションの戦略や方針で示された方向性を実際の活動に結び付けていくことが重要な点である．

　次の図4.6に示すとおり，箇条4で検討された外部・内部の論点及び利害関係者のニーズ及び期待をもとに"機会及びリスクへの取組み"を決定する．ま

た，イノベーションのビジョン・戦略・方針を踏まえて"イノベーションの目標"を確立する．その確立した目標をどのように達成するかを計画し，その計画を日々の活動に落とし込むことが重要である．そして，イノベーションの目標達成に向けて，適切な組織構造を導入することと，イノベーションのポートフォリオを構築することが必要とされる．"6 計画"を策定することで"4 組織の状況"と"5 リーダーシップ"で示された組織としての戦略的方向性が"7 支援体制""8 活動"の実際の活動につながっていくのである．示された戦略的方向性が"絵に描いた餅"のまま終わらないためにも，この箇条6は非常に重要である．

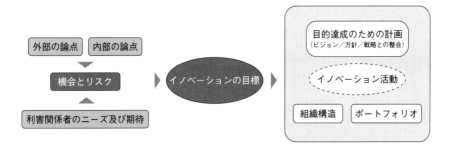

図 4.6 "6 計画"の全体像（出典：エコシスラボ資料）

上記の全体像を踏まえたうえで，"6 計画"には，四つの重要なポイントがある．

4.4.2 "6 計画" のポイント

> **"6 計画" のポイント**
>
> 1. 機会を狙ううえでの不確実性や許容されるリスク，あるいは許容されないリスクなどを計画に含めているか.
> 2. それぞれの部署や階層において，検証可能なイノベーションの目標を確立しているか.
> 3. "創造性" と "効率性" が共存し，一貫して実行される 2 階建ての経営を実現しているか.
> 4. イノベーションの取組みについて，独自のポートフォリオを確立・管理し，必要に応じて優先順位を入れ替えているか.

それぞれ具体的に見ていこう.

> **ポイント1：**
> **機会を狙ううえでの不確実性や許容されるリスク，あるいは許容されないリスクなどを計画に含めているか.**

イノベーション・マネジメントシステム（IMS）の計画策定には，機会及びリスクをニーズに基づいて考えることが大事である.

"4 組織の状況" で見てきた "組織の状況の理解" や "利害関係者のニーズ及び理解"，そして "5 リーダーシップ" で検討した "許容されるリスクの範囲" も考慮に入れて計画を策定するということである.

従来の戦略計画では，できる限りリスクを少なくしていこうというリスクミニマムの傾向が強い. しかし，イノベーション活動においては，リスクというのはつきものであり，それを除外してイノベーション戦略を立てることは不可能である. そのため，"できる限りリスクを減らそう" と考えるのではなく，"どのようにリスクと付き合うか" というように発想を変えるのである. これ

は，イノベーション活動と既存事業の活動の原則の違いからくるのである．

　イノベーション活動は，必ず機会及びリスクの双方を含んでいる．リスクや不確実性だらけのため，活動の過程では，いわば必ず失敗することが前提になっている．

　ただし，ここでいうイノベーション活動における"失敗"というのは，既存事業における失敗とは意味合いが大きく異なり，あくまでも"成功に向けた学習機会"ととらえるのである．つまり，失敗して，学んで，方向転換する．こういった試行錯誤を成功するまで続けていくということである．この点については，この後の第5章の"8 活動"で詳しく述べている．

　一方で，何でも彼でも失敗していいかというと，そういうわけにもいかない．そこで，リスク及び機会のバランスをどのようにうまくとるかが大事になる．どういったリスクや不確実性をどの程度まで許容できるか．あるいはどのようなリスクは許容できないのか．こういったことをきちんと議論したうえで，それらを計画に含めていることが重要なのだ．

　例えば，"この段階では金銭的にここまで投資し，ここまでは好きに実験する裁量を与える"，あるいは"組織の評判に悪影響を与え得るような市場実験はできない"といった，具体的なリスク及び機会を定義し，その際の対応を検討しておくことが求められる．

　こういったことを計画において明確にして，組織としての全体的な計画を立て，それに基づいて意思決定する．そうでなければ，イノベーション活動の都度，場当たり的な判断をしたり，内部調整したりということが発生しかねないのである．

　リスクを戦略的に考えて計画に埋め込むこと，これがイノベーション・マネジメントシステム（IMS）に非常に重要であり，イノベーションを興すためのこれからの経営の基本的な考え方になるといえるだろう．

ポイント1に関連する規格本文を次に示す（一部抜粋）.

6.1.1　イノベーション・マネジメントシステムの計画を策定するとき，組織は，**4.1** で言及されている論点及び **4.2** で言及されているニーズ，期待及び要求事項を考慮し，次の事項のために取り組む必要がある機会及びリスクを決定することが望ましい.

b）望ましい影響を高める.

c）望ましくない影響を防止又は低減する.

6.1.2　組織は，次の事項を計画することが望ましい.

a）次の事項を考慮した機会及びリスクへの対応

　1）機会に関する不確実性

　2）許容されるリスク，又は許容されないリスクの程度及び種類

ポイント2：
それぞれの部署や階層において，検証可能なイノベーションの目標を確立しているか.

　ここでいうイノベーションの目標とは，日々のイノベーション活動において目指すべき目標である．その前提として，目標達成のための計画を策定することになるのだ．戦略，目的といった要素があり，それらをブレイクダウンしていき，日々の活動の目標にしていくのである．

　現場レベルまで落とし込まれる計画の中には，"仮説検証"をどのように行っていくかを検討することが求められる．いくつかある事業仮説のうち，どの仮説をどの順番で検証するのか，その検証方法はどういうもので，何ができたら検証できたと認めるのかといった具体的な項目を一つひとつ決めていく必要がある．ここでいう目標とは，単なる"数値目標"ではない．むしろこういった試行錯誤のそれぞれの局面における達成すべきことを目標と考えており，その目標達成のための計画が必要とされているのである．

　そして，このイノベーションの目標を立てるには，イノベーション戦略を部門の事業活動に落とし込んでいく，あるいは埋め込んでいくということが求められる．各部門のイノベーション計画がそれぞれ連携して初めて目標が組織全体で高品質な試行錯誤ができるようになる．

　また，検証可能なイノベーション目標でないと実際にその計画が実施されているかわからなくなってしまう．その意味で検証可能な目標というのは重要な点である．ここで，この検証可能とは，数値目標でイノベーションを縛るというニュアンスではなく，日々のイノベーション活動が効率的に，あるいは効果的に行われているかを測るということである．

　こういった目標を立てることで，日々の活動の進捗をマネジメントしながら，さらにイノベーション活動や計画を改善する活動にもつながっていくのである．

　ポイント2に関連する規格本文を次に示す（一部抜粋）．

6.2　イノベーションの目標及びそれを達成するための計画策定

6.2.1　イノベーションの目標

　組織は，適切な職務及び階層において，イノベーションの目標を確立することが望ましい．

　イノベーションの目標は，次の事項を満たすことが望ましい．

a) イノベーションの方針と整合しており，イノベーションのビジョンを目指している．

b) 組織の複数の職務及び階層にわたって一貫している．

c) （実行可能な場合）測定可能又は検証可能である．

6.2.2　目標を達成するための計画

　イノベーション目標の達成計画の策定では，組織は，次の事項について決めることが望ましい．

a) 実施事項（特定した機会が存在する分野，及び重視するイノベーションの種類を考慮の上で）

b) 内部及び外部の利害関係者で巻き込む人々

c） 必要とされるもの（例えば，組織構造，経営資源を含めた支援体制，及びプロセス）

d） 責任者

e） 実施事項の達成時期（計画範囲及び関連するマイルストーンの点からみて）

f） イノベーションの取組みを評価するために使用される戦略的な視点での基準及びポートフォリオの基準

g） 結果の評価方法（イノベーションのパフォーマンス指標の使用を含む.）

h） 結果の保護方法（該当する場合）及び活用方法

i） 実施事項の伝達方法

j） 文書化した情報のうち，保持又は維持するもの

ポイント3：
"創造性"と"効率性"が共存し，一貫して実行される2階建ての経営を実現しているか.

　筆者は，設立当初から"2階建てイノベーション経営"の重要性を訴えてきた．ロンドンの2階建てバスを思い浮かべてほしい．2階建てバス（組織）の中で，1階は実効性や効率性を追求し，キャッシュを安定して生み出す源流の事業，いわゆる"オペレーション"を担い，2階は未来を創るための創造性や探索の活動，いわゆる"イノベーション"を担っている．本書のイントロダクションで説明したとおり，オペレーション活動はいわゆる"知の深化"，イノベーション活動は"知の探索"と理解していただきたい．そして，これらの活動は一人の運転手（経営者）の下で共存し，1台のバスとしてともに動いていくべきであるという考え方である．

　1階の"実効性や効率性"は，日々の業務，本業や既存事業，主要事業のオ

ペレーションにおいて求められる生産性や品質の高い業務を形づくっている要素であり，日本の多くの組織がむしろ得意な知の深化である．

　一方，あまり行われてこなかったものとして2階が担うべき "創造性や探索の活動＝知の探索" がある．これはイノベーションに不可欠な試行錯誤に求められる要素である．これら一見相反する二つの要素を，一つの組織の経営の中に，統合・両立していくことが必要とされているのである．これらの共存が難しいのは，多くの組織ではこれらの二つの活動が別々の部署や部門で行われることが多いからである．そしてよくあるのは "創造性や探索の活動・探求" を行う部署が出したアイデアやテーマを "実効性・効率性" を担う部署が受け取ってくれないという問題である．

　残念ながら，この2階建てイノベーション経営において，こうすればよいという決まった方法というものはない．それぞれの組織の状況や組織文化などによって取るべき手段は変わるからである．組織独自のアプローチで実効性・効率性と創造性や探索の活動を統合・両立することがイノベーション・マネジメントシステム（IMS）では重要である．

　イノベーションに取り組んでいても，品質や安全性を担うオペレーションはもちろん重要である．しかし，オペレーションだけでは，未来を創り出すことは難しいため，組織が価値を生み出し，成長を続けるには，両立させるしかないわけである．そのためには，双方を両立させていくという組織の意思が大事であり，その意志に基づいて，さまざまな組織的な活動を計画的に行っていくことが必要になるのである．

　ポイント3に関連する規格本文を次に示す（一部抜粋）．

6.3　組織構造

　トップマネジメントは，次の事項を実施することが望ましい．

b） 組織内において，一方で創造性及び探求，もう一方で実行及び効率性が，共存又は統合される可能性を考慮する．

ポイント4：

イノベーションの取組みについて，独自のポートフォリオを確立・管理し，必要に応じて優先順位を入れ替えているか．

　組織の中にはさまざまなイノベーション活動があるのではないだろうか．さまざまな活動を行っている場合には，それらの活動を"ポートフォリオ"で管理するという考え方が重要になる．この点については，本書のイントロダクションでも，ポートフォリオ・マネジメントを説明している．

　創造性と効率性の二つの要素を組織ごとで分けるのではなく，むしろそれぞれの要素をポートフォリオとして見ていくのである．その際には，機会及びリスクを踏まえた，バランスの取れたポートフォリオのアプローチが必要であり，この規格でもその重要性が語られている．

　ここでいうポートフォリオとは，さまざまに行われているイノベーション活動を分類して見ていくことである．2軸，つまり4象限でさまざまな活動やプロジェクトを位置付けて見ることが多いのではないだろうか．

　どのような軸で配置するのかは，その組織の目指していること，あるいはイノベーション活動の性質等も踏まえ，時間軸や価値軸，リスク軸などさまざまなものが考えられる．どのモデルが組織としてのポートフォリオにふさわしいのか．最もよい方法や決まった型等はないため，イノベーションの意図に基づき，独自のポートフォリオをもつことが重要になる．

　例えば，既存事業に重きを置いて少ないリスクでイノベーション活動を行う場合や，反対に，新規事業に重きを置いてリスクを取ったポートフォリオをもつ場合など，さまざまなパターンが想定される．

　大切なことは，イノベーションの戦略や方針に基づいてポートフォリオ全体を管理したうえで，どの活動を加速すべきか，あるいはどの活動をスローダウンさせたり休止させたりすべきか，どの領域の活動が少ないから増やすべきかといったイノベーション・ポートフォリオの全体最適を考えようということである．

　必要であれば，躊躇なく優先順位を入れ替えてみたり，内容を見直してみたりしながら，そのときの組織の状況にあわせていく必要もある．

　このポートフォリオ・マネジメントの考え方はイノベーション・マネジメントシステム（IMS）にとって非常に重要な要素であり，ISO 56000 シリーズ規格独特の項目である．そのため，取り組んでいない組織も多いかもしれないので，その場合には，現在組織内でどのようなポートフォリオが組まれているかを考察するところから始めてもらうのがよい．

　ポイント 4 に関連する規格本文を次に示す（一部抜粋）．

6.4　イノベーションのポートフォリオ

　組織は，ポートフォリオを一つ，場合によっては複数用意し，マネジメントし，定期的に評価し，（複数のポートフォリオを設定することが適切な場合は）優先順位付けし，次の事項を確実に実行することが望ましい．

4.5　企業事例 1：KOA による全社改善活動とイノベーション・マネ ジメントシステム導入の効果

4.5.1　会社概要

　KOA 株式会社（以下，"KOA" という）は，1940 年に設立された長野県上 伊那郡箕輪町に本社を置く，抵抗器を中心に扱っている電子部品メーカーであ る．コンシューマー・デジタル機器の需要拡大に応じて成長し，現在では車載 向け部品が売上げの中心となり，抵抗器の分野において世界トップシェアの売 上げとなる，約 750 億円（2022 年度）を達成している．日本市場（29 %）だ けでなく，アジア（39 %），北米（17 %），欧州（15 %）とグローバルな展開 を行っており，世界に約 4 100 人の従業員がいるグローバル企業である．

4.5.2　KOA Profit Sytem：KPS を通じた全員参加の経営改善

　KOA は，1990 年頃から KPS という全員参加の経営改善を進めてきた． 1987 年から始めた KPS-1 では，トヨタ生産方式を導入し，改善提案活動を通 じた，徹底した無駄の排除を推進し，売上げの増加と同時に収益性の向上を実 現した．さらに 2001 年からは品質マネジメントシステム（QMS）を導入す る KPS-2 を開始し，高品質・高信頼の製品づくりに取り組んできた．

　2001 年のドットコムバルブ崩壊を KPS-2 で乗り越え，高品質の車載市場へ の事業転換を行うことができたが，2008 年のリーマンショックの経済減速な どもあり，2000 年以降，売上げは伸び悩んでいた．2000 年に 734 億円あっ たピークの売上げが，2009 年には 363 億円と半減した（図 4.7 参照）．このよ うな危機に直面し，2010 年から新たに KPS-3 として，高付加価値な差別化商 品・新しいビジネスの創出を目的とした全社経営改善活動を開始した．

　しかし，KPS-1 や KPS-2 でうまくいった全員参加の経営改善が，KPS-3 で は担当部門を設置し，"価値創造" を推進したにもかかわらず，全社的な活動 には結び付かなかった．数年の試行錯誤を繰り返したが，現場の改善，品質へ の対応といった社内向けの活動と異なり，価値創造は社外に向けての活動でも

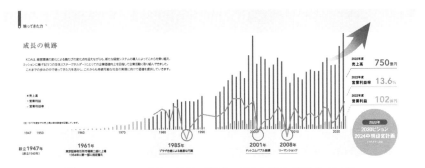

図 4.7　KOA の成長の軌跡（出典：KOA 統合報告書 2023）

あるため難しさがある．また，新しい価値創造をすることは，一部の組織が担当する特別なことと考えられ，自分事として浸透しなかった．

2015 年には，技術部門に新事業を担当する部門を設置し，新しい価値創造に取り組んだ（図 4.8 参照）．しかし，新規事業に伴う試行錯誤のプロセスは，社内の既存のルールには合わないことも多く，そのルールを守っている他の部門との意思疎通がうまくいかない．結果として，他の部門から，既存の業務に加えて新しい取組みに協力を得るには，多くの時間と労力を要した．この意思決定を促進するため，2018 年には，新事業部門を社長の直轄部門とした．

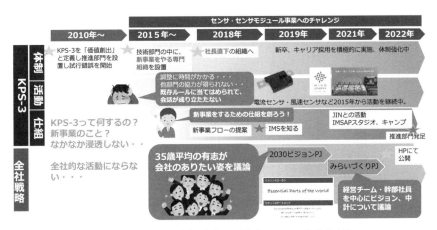

図 4.8　KP-3 から全社戦略へ（出典：KOA 提供資料）

4.5.3 2030 ビジョンの策定とイノベーション・マネジメントシステムの導入

2019 年より，2030 年ビジョンの策定に取り組んでいた（図 4.9 参照）．このビジョンの策定には，平均年齢 35 歳の若手，中堅社員が将来の会社のあり方を描き，経営層へ提案し，その提案をもとに経営層がビジョンを具現化するワークショップを実施した．そのワークショップで，2030 年に KOA がどのような会社になっていたいか，1 年以上にわたって時間をかけ，徹底的に議論している．現在の状態をいかに改善するかという議論でなく，あるべき未来をバックキャスティングして語り合うことで，その未来に向かって全員が共通の認識をもつことができるようになった．自社の目的を明確にするプロセスを通じて，できあがったビジョンスローガンとビジョンステートメントを実現することを，社員が当事者として意志をもって活動できる基盤ができた．

一方，新事業部門での新規事業創出を推進すると同時に，KPS-3 の経営改善活動として新事業を創出する仕組みをつくり始め，新事業のフローを提案するなどして，全社的に "価値創造" を推進する方法を模索していた．価値創造の活動内容が理解され，周囲の協力をもらえるようにするためには，これまでの活動で苦労してきたノウハウを "価値創出フロー" として仕組み化しよう

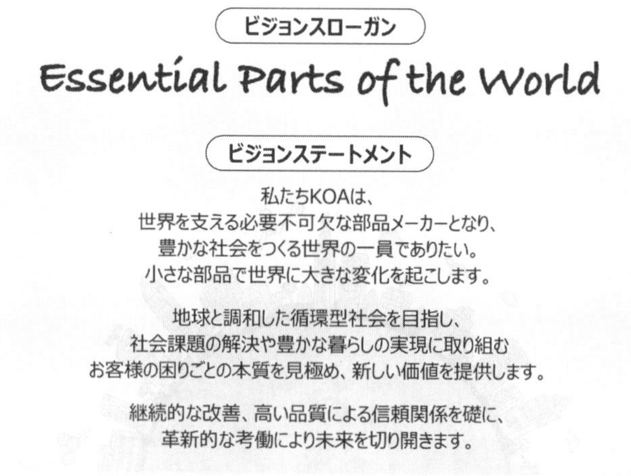

⎛ ビジョンスローガン ⎞

Essential Parts of the World

⎛ ビジョンステートメント ⎞

私たちKOAは、
世界を支える必要不可欠な部品メーカーとなり、
豊かな社会をつくる世界の一員でありたい。
小さな部品で世界に大きな変化を起こします。

地球と調和した循環型社会を目指し、
社会課題の解決や豊かな暮らしの実現に取り組む
お客様の困りごとの本質を見極め、新しい価値を提供します。

継続的な改善、高い品質による信頼関係を礎に、
革新的な考働により未来を切り開きます。

図 4.9 KOA の 2030 年ビジョン（出典：KOA 提供資料）

としたのである．そんな模索の中で，イノベーション・マネジメントシステム（以下，"IMS" という）と出会った．品質マネジメントシステム（QMS）と同じ，新事業を創出する国際規格の仕組みとは何なのか，ISO 56002 をベースとして，全社方針活動となる仕組みづくりの取組みを始めた．

　IMS の視点で KOA の取組みを評価し，問題点を洗い出すために，2021年上期に一般社団法人 Japan Innovation Network（JIN）が提供する ISO 56002 の教育・導入プログラムに参加した（図 4.10 参照）．最初に "スタジオ" と呼ばれる教育プログラムへ二つのチームを送り，IMS を学んだ．次に，参加したメンバーが中心となり，IMS 導入に向けた "キャンプ I" に参加し，IMS の成熟度を分析した．その結果，イノベーションのビジョンや方針等が，システムとして個別施策につながっていないことが明確になった．

　そこで，IMS を KOA に構築するために，"キャンプ II" と "キャンプ III" に参加することを決定した．キャンプ II では，イノベーション・マネジメントシステム導入のための概要設計を行い，キャンプ III では KOA に合ったシステムの詳細設計を実施した．キャンプ II とキャンプ III を通じて，KOA のイノベーション戦略を策定し，懸案であった不確実性を前提としたイノベーション活動プロセス（価値創出フロー）を再構築した．さらに，IMS を全社展

仕組化の活動		IMSAP for JIN			スタート
2018年〜	2021年上	2021年下		2022年上	2022年下
新事業仕組の導入	スタジオ	キャンプ I	キャンプ II	キャンプ III	IMS推進C
目的	新事業の仕組化	IMSの導入検討	成熟度の現状分析	概要デザインの構築	詳細デザインの構築	全社的支援活動開始
活動概要	新事業の仕組検討 仮運用	IMSの理解を深める	イノベーションに関するKOAの現状認識	IMS導入のための概要設計	KOAに合ったシステムの詳細設計	
活動内容	・新事業の保証体制検討を起点に，新事業創出の仕組を検討	2チーム参加 参加メンバの課長クラスはそのままキャンプへ	・アセスメント対象者へのIMS講義 ・社内インタビュー ・アセスメントの精査 ・弱みと強みの精査	・方向性の策定 ・課題への対応策 ・強みの活動 ・弱みの補強案	・IMS推進プロジェクト発足 ・実行案，導入計画 ・実行案の実務支援 ・ロードマップ作成 ・IMS推進Cを経営に提案	推進C発足
	全社活動方針へ 「仕組つくり」を明文化	「ISO56000をベースとして仕組づくりを進める」		・導入の意志を経営へ提案		IMS推進Pのメンバ・IMSAPスタジオ参加者との定期的な意見交換を継続
	2020年度〜					
	「基盤技術からの新事業創出の仕組づくりを進める」 ・Windgraphyを事例に仕組を仮運用					

図 4.10　JIN が提供する ISO 56002 の教育・導入プログラムの例
（出典：JIN 提供資料）

開するためにIMS推進センターを設置することを決定し，人事評価制度も見直しに着手し，全社員がイノベーション活動に参画できる各種施策の設計と各部門との対話や意見交換も始めた．

4.5.4 イノベーション・マネジメントシステム導入の効果

2030年ビジョンを策定し，KPS-3が全社の経営活動として動き出した．2030ビジョンを具現化するための活動の中で，最初は新事業推進のためにIMSの導入を進めた．そのような中，KPS-1とKPS-2の活動でも大きな成功を生み出す事例が生まれ始めた．こうした社内のプロセス改善の成功事例も，IMSの観点で整理することで，"イノベーター"だけでなく"リーダーシップ"や"周りの支援"にもフォーカスすることで活動が加速していくことを実感できるようになってきた．品質マネジメントシステム（QMS）の弊害として，与えられた業務の仕組みを順守しながら，さらに改善することにとらわれ，その仕組みそのものを改革することができなくなってしまっていたのである．

その中で従業員に負荷がかかり，作業で疲弊している様子も見られた．従業員自らが自発的に，前例にとらわれず，与えられた業務の仕組みそのものを見直していく活動が，企業として重要であると再認識されたのである（図4.11参照）．

戦略を策定し，制度を見直しても，イノベーターが生まれるわけではない．イノベーターを発掘し，育成し，評価していく必要がある．その役割を担ったのが，IMS推進センターである．IMS推進センターが中心となり，社員のイノベーション教育，共有の場づくりを行い，イノベーションをKOAの文化として根付かせる活動をしている．経営陣と現場の対話の機会もあり，トップ自らがイノベーションに対するコミットメントを示す場も設けられている．企業として，従業員が新しいことに挑戦し，新しい価値を創造することが奨励される文化の構築が始まっている．KPS-3に2010年から取り組み始めて，QMSで養われた改良改善の発想ではなかなか広がらなかった"価値創造"が，ボトムアップによって徐々に生まれ始めているのである．

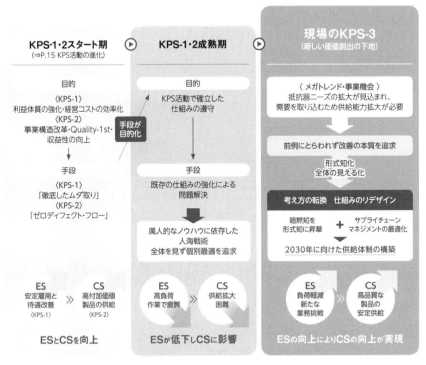

図 4.11　KPS-3 の進化（出典：KOA 統合報告書 2023）

　このように，IMS の考え方を導入し，価値創出フローを構築したことで，共通言語ができ，社内調整の時間は大幅に減少し，新事業の活発な議論に時間が使えるようになった．また，活動の時間軸の共通認識もでき，まさに羅針盤の役割を果たしている．イノベーションも，いままでフォーカスしてきた既存事業（高品質・高信頼抵抗器）による新しいアプリケーションや市場開拓だけではなくなった．これまで対応できなかった分野の社会課題の解決に貢献する製品開発にも積極的に取り組むことが可能になった．

　さらに，2023 年度からは，既存事業の新製品開発領域におけるイノベーションも推進することが決定されている（図 4.12 参照）．2023 年度の統合報告書で，KOA は今後，価値創造プロセスを実践する事業領域を段階的に拡大して

いくことを報告している．IMS の導入は価値創造プロセスの仕組みの構築に過ぎず，その仕組みを活用し，IMS を実践していく事業領域の拡大を目指しているのである．

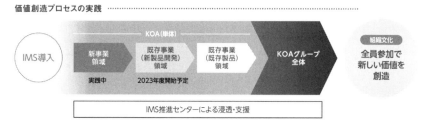

図 4.12　価値創造プロセスの事業領域の拡大（出典：KOA 統合報告書 2023）

4.5.5　イノベーション・マネジメントシステム導入による新規事業事例：Windgraphy®

Windgraphy®（以下，ここでは ® を省略）は，センサを利用して風速を同時に多点で計測し，計測結果を表示し，データ化する KOA 独自の技術である（図 4.13 参照）．計測用装置の設置が簡単で，計測結果がわかりやすく，"風を可視化する"ことでだれでも直感的に風の状態を知ることができる．

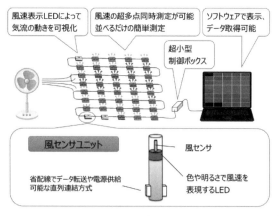

図 4.13　Windgraphy の構成図（出典：KOA ウェブサイト [*14]）

Windgraphy を実用化した気流計測システムを開発し，2023 年 7 月から新事業のセンサ製品として，一般発売をすることができた．Windgraphy のようなシステムの開発は，KOA にとって全く未知の市場分野であった．KOA は，機器メーカーの要求に基づき，抵抗器をメインとする電子部品を開発・製造・販売することが事業領域であり，電子部品メーカーの領域を超え，システム開発のような新しい領域に自ら出ていくことはハードルが高い活動であった．

Windgraphy の事業開発を進めるのと同時に，これまでの経験と IMS の考えを導入し，関係者と議論しながら価値創出フローを作成した．価値創出フローの試行錯誤の概念を示したものが図 4.14 になる．それにより，これまで明確な仕組みがなかったテスト販売を行うことができ，顧客にとっての本当の価値がどのようなものなのかの検証を行うことで，気流計測という新しい分野で市場開発に取り組むことができた．開発にあたって，気流計測を必要とする建築・空調設備に関する企業・研究機関と関係を構築し，気流計測に関する困りごとの把握（インタビュー）を行うなど，すべてを一から始め，試行錯誤を重ねることで製品化を達成できたのである．

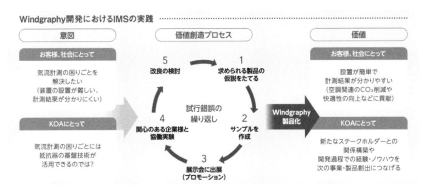

図 4.14 Windgraphy 開発における IMS の実践
（出典：KOA 統合報告書 2023）

---

*14 KOA ウェブサイト
https://www.koaglobal.com/product/category/windgraphy

空調関連の事業者に関心をもってもらい，空調関連の CO_2 削減や快適性の向上などの価値を提供できるようになった．"地球と調和した循環型社会を目指し，社会の課題の解決や豊かな暮らしの実現に取り組む"という 2030 年ビジョンの実現に向け，一歩前に踏み出すことができた．さらに，IMS 推進センターも一緒になって取り組み，担当者が事業開発過程で得た経験やノウハウの蓄積は，担当者だけでなく，KOA にとって貴重な資産となり，次の事業や製品の創出につなげることが期待できるのである．

第5章 イノベーション・マネジメントシステムを起動させる

5.1 この章の概要

第5章は "7 支援体制" と "8 活動" から構成されており，イノベーション・マネジメントシステム（IMS）のイノベーション活動のマネジメントとその活動を支援する体制について説明している．図5.1に示すように，本書の第4章において説明したシステム（IMS）の構築と，そこで計画（Plan）されたイノベーション戦略や方針に従い，"オペレーションレベル"のイノベーション活動を定めていることを説明するのが第5章である．

箇条8のイノベーション活動を支えるのが，箇条7の支援体制である．不

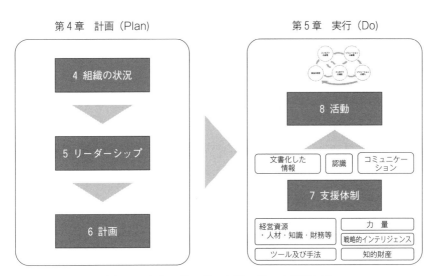

図 5.1 本書の第4章から第5章への見取り図

確実性が高いイノベーション活動を支えるには，どのような"経営資源"（人材，知識，財務等）や"力量"（competence）[*15] が必要で，それらを組織としてどのように"認識"し，"文書化"し，"コミュニケーション"するのかが定められている．

イノベーション・マネジメントシステム（IMS）においては，新たに"ツール及び方法""戦略的インテリジェンスのマネジメント"及び"知的財産のマネジメント"が加えられ，イノベーションのマネジメントに求められる支援を強化している．これは，イノベーション活動においては，既存事業とは異なるツールや方法を用いてアイデアやコンセプトを見いだし，戦略的インテリジェンスにより戦略的に意義のある情報や知識を集め，分析・共有し，活用し，イノベーションを通じて得られた価値を"知的財産"として保護・活用していくことが特に求められるからである．

他の ISO マネジメントシステム規格と最も大きく異なる点が，不確実性が高いイノベーション活動を対象としている箇条 8 である．

イノベーション活動は，次の 5.3 節で述べるように"機会の特定→コンセプトの創造→コンセプトの検証→ソリューションの開発→ソリューションの導入"というプロセスで構成されている．図 5.2 に示すように，プロセスの最初の"探索"では不確実性が高く，多くの試行錯誤が求められるが，仮説検証を通して不確実性を徐々に下げ，最終的にはソリューションを導入し，価値を実現する．この試行錯誤をマネジメントするのが，イントロダクションで紹介したリーン・スタートアップである．この試行錯誤のイノベーション活動のプロセスを理解し，他のマネジメントシステムとの違いを明確したうえで，イノベーション活動をマネジメントすることが重要となる．

[*15]　規格（原文）の"competence"は"能力"とも訳されることがあるが，職務や役割において収集な成果を発揮する行動特性を意味しており，JIS では"力量"という訳があてられた．

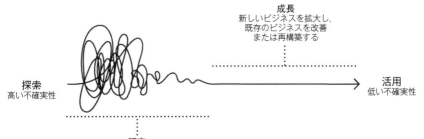

成長
新しいビジネスを拡大し,
既存のビジネスを改善
または再構築する

探索
高い不確実性

活用
低い不確実性

調査
ビジネスアイデアを顧客にとって
意味のある価値提案に変換し,
拡張可能で収益性のある
ビジネスモデルに組み込む

図 5.2 イノベーション活動のプロセス[7]

(出典:"インビンシブル・カンパニー", アレックス・オスターワルダー他著・訳,
翔泳社, 2021)[7]

5.2 "7 支援体制"

5.2.1 "7 支援体制" の解説

"7 支援体制"[*16] の構成要素は,次のように 12 項目と多岐にわたる.

1. "7.1.2 人材"

2. "7.1.3 時間"

3. "7.1.4 知識"

4. "7.1.5 財務"

5. "7.1.6 インフラストラクチャ"

6. "7.2 力量"

7. "7.3 認識"

8. "7.4 コミュニケーション"

9. "7.5 文書化した情報"

[*16] 規格(原文)の "support" は,ISO マネジメントシステム規格を翻訳した JIS では
"支援" と訳されるが,JIS Q 56002:2023 では箇条 7 に限って "支援体制" と訳し
ている.

10. "7.6 ツール及び方法"

11. "7.7 戦略的インテリジェンスのマネジメント"

12. "7.8 知的財産のマネジメント"

箇条7の構成要素は，次のとおりである．

---

7 支援体制

　7.1 経営資源

　　7.1.1 概論

　　7.1.2 人材

　　7.1.3 時間

　　7.1.4 知識

　　7.1.5 財務

　　7.1.6 インフラストラクチャ

　7.2 力量

　7.3 認識

　7.4 コミュニケーション

　7.5 文書化した情報

　　7.5.1 概論

　　7.5.2 作成及び更新

　　7.5.3 文書化した情報の管理

　7.6 ツール及び方法

　7.7 戦略的インテリジェンスのマネジメント

　7.8 知的財産のマネジメント

　イノベーションを直接生み出すのは"イノベーションのプロセス"である．そのため，機会の特定からソリューション導入までの具体的な活動に，どうしても目が向きがちである．

　しかし，イノベーション活動の質，量，スピードはイノベーション・マネジメントシステム（IMS）のそれ以外の要素である"組織の状況""リーダーシップ""計画"及び"支援体制"によって大きく影響を受ける．

　特にイノベーション活動を，文字どおり支えるのが支援体制であるが，多くの組織でこの支援体制が整っていない中で，一生懸命イノベーション活動だけ

を行っている事例を散見する．しかし，イノベーション活動というのは，既存事業の活動で求められていることとは活動の仕方や求められる能力が異なるため，残念ながら，多くの場合望むような結果に結び付いていない．

イノベーション活動の質・スピードを上げ，活動量を増やすためには，支援体制の 12 の構成要素が必要になる．ただし，それぞれの組織によってその濃淡は異なるので，まずはそれぞれの項目の重要度を見極めながら，必要な要素から整えていく必要がある．ここで留意すべきは，12 項目は，それぞれが経営システムの要素であるため，相互に作用するということである．支援体制においても"システムアプローチ"が重要になるのである．

例えば，次のようなことが現実に多くの組織で起こっている．

・時間確保のために 15％ルール（就業時間の 15％を自分自身のために利用できるルール）を導入しても，そもそもイノベーション活動を推進できる人材を育てていないため，時間だけ確保しても思ったように機能しない．

・オープン・イノベーションのインフラストラクチャだけを整えるが，従業員の認識が追い付いておらず，全く使いこなせない．

・力量を上げようとしても，ベースとなる知識の棚卸しが十分にできておらず，やみくもにいま流行りの講習を取り入れるが，本来必要な力量とは異なり，効果的な取組みができない．

では，支援体制の拡充をどのように考えていけばよいのだろうか．

支援を整えるとは，経営資源を投入するということである．イノベーション・マネジメントシステム（IMS）の支援体制を確立し，継続的に成熟させていくには，必要な経営資源を適切なタイミングで投入する必要がある．この見極めと投入をきちんと行えているかどうかということである．

システム（IMS）導入時は要素としては足りないものだらけだが，それでも"どこに根源的な課題（ボトルネック）があって，どこから手を付けるか"という"見極め"ができなければ，次に打つ手がずれかねないのである．本来は，まず自社の支援体制の状況を棚卸して，何が足りていて，何が足りないかを認識する必要がある．その際に注意するべきは，既存事業であるオペレーション

活動のための支援体制とイノベーション活動に必要な支援体制は異なるということである．イノベーション活動に対する支援体制がきちんと構築できているかを見極める必要がある．

それではここから，支援体制の 12 の構成要素を具体的に見ていこう．

1.　"7.1.2　人材"

イノベーションは人が生み出すものである．AI（Artificial Intelligence：人工知能）や機械学習がどれだけ進んでも，最終的な価値を生み出すのは人であるため，12 項目の中で，人材が重要でないケースというのはあり得ない．人材が最重要の要素となることも非常に多い．

まず，イノベーション人材を引き付け，採用し，引き留められるか．人材というと，教育や研修と考える人も多いが，それはこの後の "力量" でカバーされるトピックである．そもそもその前に適切なイノベーション人材を確保できているか，そのために組織として努力をしているかをこの規格で問われている．

また，この規格では "'異花受粉'（cross-pollination）を促進する" という，規格ではあまり馴染みのない言葉が用いられている．異花受粉とは異なる花同士を受粉させることで，全く新しい花を生み出すということであり，シュンペーターのいう "新結合" のことである．規格ではその重要性がうたわれている．イノベーションを興すには，性別や人種的な "多様性" ＝デモグラフィックダイバーシティにとどまらず，専門性や特質，経験などの "多様性" ＝コグニティブダイバーシティが重要になる．そういった本当の意味での多様な人材同士の協働（コラボレーション）*17 が必要である．例えば，こういった多様な人材を混ぜ合わせたチームを編成することで，異花受粉を促すことが組織に推奨されているのである．

金銭面だけでない適切なインセンティブの確立も問われている．"○○賞"や "○○アワード" という形で，イノベーション活動をきちんと評価すること

---

*17　規格（原文）の "collaboration" は，"cooperation（協力）" との違いを明確にするため，JIS Q 56002:2023 では "協働" と訳している．

も，従業員のイノベーションへの関与を高めるうえでは重要である．

それに加え，"イノベーターの保護"の大切さも強調されている．この規格には"イノベーション活動が潜在的により高いリスクにさらされることを踏まえたイノベーターの保護"[7.1.2 d)]とある．これは，イノベーション活動は本質的にリスクが高いということの裏返しでもある．オペレーションとは異なり，イノベーションは不確実性だらけの世界で活動するため，当然ながら思うようにいかないケースや，途中で活動が停止されるリスクも高い．

また，活動の価値が，組織内部の人々に理解されないことも多々ある．リスクの高い活動をするイノベーターが，失敗するたびに評価を下げられたり，悪く言われたりすれば，そのイノベーターはいずれ組織からいなくなり，だれも次に続かなくなってしまう．そのため，リスクを取って活動してくれるイノベーターを組織はしっかり保護しなければいけないということである．

チャレンジしてうまくいかなくても，ただ単に失敗の烙印を押すのでなく，"うまくいかない方法が一つ見つかった"というようにポジティブな学びとしてとらえ，イノベーターを保護して次のチャレンジに向かってもらう．そうすることで，次に続くイノベーターも育てることができるということをここでは強調しているのである．

"7.1.2 人材"の規格本文を次に示す（一部抜粋）．

7.1.2 人材

組織は，イノベーション・マネジメントシステムの効果的な実施に必要な人材を特定し，提供し，マネジメントすることが望ましい．

組織は，次の事項を考慮することが望ましい．

b) 予想外の好ましい結果が生じる可能性があるように，"異花受粉" (cross-pollination) を促進するため，様々な専門分野，個人的特質及び経歴を含む多様な人々の混じった集団から成るチームの形成

d) イノベーション活動が潜在的により高いリスクにさらされることを踏まえたイノベーターの保護

2．"7.1.3 時間"

　先に 15％ルールの例をあげたように "従業員の働く時間の中で，イノベーション活動に割く時間を確保できているか" ということが問われている．

　オペレーション，いわゆる通常業務・既存事業を通常の仕事の時間に行い，それが終わった後の残った時間又は就業時間後の，本来であればプライベートな時間だけで，イノベーションに取り組む，あるいはイノベーションの活動をしていても，本業が忙しくなってきたから中断するといった事例が，日本の組織にはとても多いのが現状である．

　あえて "本業が忙しくなった" という言葉を使用したが，こういった言葉を耳にしたことのある読者の方も多いのではないだろうか． "本業が忙しくなった" ということは "イノベーションは本業ではない" と暗に示していることでもあり，これではイノベーションなど興せるはずがない．課外活動としてではなく，本業そのものとしてイノベーションに取り組むための時間が確保されているか，あらためて考えることが重要である．また，ここでいう時間とは，イノベーション活動だけなく，関連するトレーニングや研修などの時間の確保も含んでいる．

　イノベーション活動は "機会の特定" から "ソリューションの導入" まであるため，それぞれの段階に関わる人の時間をどの程度確保するかが組織に問われているのである．

　当然どのくらいの時間を割くべきかについては，目指すべきイノベーション活動によって変わり得るため一概にはいえないが，イノベーションの意図や提供しようとしている価値などから，必要な時間を検討し，イノベーション戦略や計画の中で具体的に示すことが重要である．

　"7.1.3 時間" の規格本文を次に示す（一部抜粋）．

7.1.3　時間

　組織は，イノベーション・マネジメントシステムの効果的な実施のた

めに時間管理方法を確立することが望ましい.

組織は,時間の配分に当たって,次の事項を考慮することが望ましい.

a) 一般的に,イノベーションの活動及びトレーニングにバランス良い
方法(例えば,労働時間全体に対する割合)

3. "7.1.4 知識"

"7.1.2 人材"でも触れたが,シュンペーターはイノベーションを"新結合"
と定義した.現代はあらゆる産業が"労働集約型"から"知識集約型"に変化
してきているため,イノベーションは"知の新結合"の結果として興ることが
ほとんどである.また,技術革新や発明などの技術の進歩によってイノベーシ
ョンが興ることは当然あるが,現在我々が目にする多くのイノベーションは,
すでに存在している知識である"既存知"と,既存知の新しい組合せ=新結合
の結果として興ることが多数を占めることからも,知識の効果的なマネジメン
トが重要になっている.

こういった現代において組織に求められることは,自社の知識資産や技術資
産が,新結合を試しやすい状態にしてあることである.これは自社の資産の棚
卸しをして,本当に競争優位性がある資産は何かを理解したうえで,自社に足
りない資産も理解している状態を指す.自社の資産が棚卸しされていないとい
う組織は,推奨されている活動とは程遠い現状であるということである.オー
プン・イノベーションに取り組む組織は非常に多いが,成果が出ない組織が多
いのは,自社資産の分析を踏まえたうえで協働の相手を探すという本来あるべ
き戦略的なオープン・イノベーションが実施されていないからである.

例えば,"自社は,○○の分野では競争優位性があるが,○○という領域の
技術資産が足りないから,その領域に強そうなスタートアップ企業を招いて可
能性を探ろう"というのが本来あるべき姿である.

"どこでもいいからたくさんのスタートアップ企業と会っていれば,そのう

ち何かいい出会いもあるだろう”というオープン・イノベーションの活動は，偶然に身を任せているだけで，ごく稀にヒットするかもしれないが，戦略的とはいえないのである．

　また，棚卸しをした知識を組織としてマネジメントする仕組みがあることも大事である．知識が属人化，あるいは特定のプロジェクトの中に埋もれては，組織で活かすことはできない．

　失敗から得た学びを蓄積する，外部から知識を得る，プロジェクトを超えて知を共有する，困ったときに似た経験をしたことのある従業員を探して，相談する，プロジェクトが終わったら，必ずレビューをして教訓をまとめて，蓄積する．こういった，組織として知識を創造，蓄積，共有，活用する仕組みとサイクルがあることが大切になるのである．

　“7.1.4 知識”の規格本文を次に示す（一部抜粋）．

7.1.4　知識

　組織は，イノベーション・マネジメントシステムの効果的な実施のために知識のマネジメントの方法を確立することが望ましい．

　組織は，次の事項を考慮することが望ましい．

a）知性及び経験によって得た，内部及び外部の，暗黙的又は形式的な知識（例えば，組織の状況の理解，イノベーションの取組みの成功及び失敗並びにパフォーマンスのデータ分析から学んだ教訓）を取り込むこと

　知識は，個人的若しくは集合的，又は暗黙的若しくは形式的な可能性がある．集合知は，人々が協働し，暗黙的及び黙示的な知識を明文化及び共有化することによって獲得される．

4. "7.1.5 財務"

イノベーション活動に取り組むうえで，お金は非常に大事である．その財務資源について最初に記載されていることは，"イノベーションを行わないことによる財務上の影響とリスクを考慮することが望ましい"ということである．

いくつか例をあげてみると，次のとおりである．
- ・既存事業の売上げが市場の成熟により減少
- ・革新的な新技術の誕生により，既存事業の市場自体が激変
- ・電気自動車の普及が進み，内燃機関関連の事業が激減
- ・AI の業務利用が進み，人が行っているサービスが AI に置換

このように，イノベーションせずに現業だけに頼ることには，自社のビジネスモデルが陳腐化し，破壊的イノベーションの餌食になってしまうというリスクがある．こうした現業だけに依存したリスクが将来の財務に与える影響を考慮し，イノベーションにどれだけ投資すべきかを考えるべきということである．

また，イノベーション活動専用の財務資源の配分も求めているため，例えば，年間予算に占めるイノベーション予算の割合を決め，専用の予算を確保することも必須ということになる．

イノベーションのプロセスごとに，どの程度の財務資源を投入するかということもあわせて考慮することが奨励されている．

支援体制の充実には経営資源の投入が欠かせないと先に説明したが，"支援体制に対する資金調達を確実にする"ことも推奨されている．

イノベーション活動とイノベーション・マネジメントシステム（IMS）全体への投資を総合的に考え，財務資源を確保し，適切に投入することが大事である．逆にいえば，機会の特定は R&D 予算，ソリューション開発は製造予算，ソリューション導入はマーケティング予算，支援体制はコーポレート予算というような形で，予算がばらばらでイノベーションの財務資源の全体像がだれにもわからないという場合は，この規格で推奨されていることを満たしていないということになる．まずは，組織全体として，どの程度の予算をイノベーショ

ン活動に使っているかを把握することから進めることが有効である.

　"7.1.5 財務"の規格本文を次に示す（一部抜粋）.

7.1.5　財務

　組織は，イノベーション・マネジメントシステムの効果的な実施のための財務資源を決定し，提供することが望ましい.

　組織は，次の事項を考慮することが望ましい.

a) イノベーションを行わないことによる財務上の影響及びその他のリスクを含む，イノベーション活動に関する財務上の機会，リスク及び制約

c) イノベーション活動のための専用の財務資源の配分（例えば，年間予算に占める割合による配分，トップマネジメントによるイノベーションの取組みのための専用の資金による配分）

5.　"7.1.6　インフラストラクチャ"

　この規格には"物理的（有形）及びバーチャル（無形）のインフラストラクチャ"とある. これは，いわゆる"場"のことである.

　箇条8で説明されているイノベーションのプロセス，イノベーション活動は"機会の特定"から"コンセプトの創造・検証""ソリューションの開発・導入"という試行錯誤のプロセスだが，これらは，知識創造の活動そのものである.

　イノベーション活動の詳細については，箇条8で詳しく説明するので，そちらを参照してほしいが，その知識創造を行うにはよい"場"が欠かせない. リビングラボやイノベーションセンターのような，顧客を軸にし，社会の現場などでイノベーション活動を支える物理的な場が非常に有効な手段である.

　ただし，これらが"場"として有効に機能するには，共有されている目的，その活動の目的に合ったさまざまな仕掛けと進め方，適切な参加者，その場の

心理的安全性といったさまざまな要素が必要になる.

　先に述べた物理的な場に加えて，バーチャルな場も同様に重要である．我々が日々使っているオンラインの対話や議論のためのツールをはじめ，コミュニケーションを円滑にするツール，リモートワークを円滑に進めるツールなどを組み合わせて，いまやデジタルの世界でも "共創の場" を実現することが可能になっている.

　このバーチャルな協働は，新型コロナでの影響により一気に加速した．しかし，これもツールありきではなく，先ほどの物理的な場のように，どんなイノベーション活動を行いたいのか，そのためにどのような協働や対話を行うのかという目的を先に明確にし，それに合ったツールを選び，用意するという考え方が必要である.

　"7.1.6 インフラストラクチャ" の規格本文を次に示す（一部抜粋）.

7.1.6　インフラストラクチャ

7.1.6.1　組織は，イノベーション・マネジメントシステムを有効に実施するために，必要とされる物理的（有形）及びバーチャル（無形）のインフラストラクチャを明確にし，提供し，維持することが望ましい.

　組織は，次の事項を考慮することが望ましい.

c) 利用者及び顧客を含め，外部の密接に関連する利害関係者から，獲得することが必要なインフラストラクチャ（例えば，外部委託又は提携）

---

6. "7.2 力量"

　支援体制の 12 の構成要素の中で，力量に関わる文章が最も多い．それだけ重視されているということの現れなのだが，端的に説明すると，"効果的・効率的なイノベーション活動と，適切なイノベーション・マネジメントシステム（IMS）を構築するのに求められる人の力量，能力を組織として定義できてい

るか”，そして“その力量，能力を測り，身に付けるための適切な教育や場を
提供しているか”ということを問うている．

　さらに言えば，機会の特定からソリューションの導入までの五つの試行錯誤
のプロセスにどのような力量が必要か，また，システム（IMS）を導入・推進
するためにどのような能力が必要かという，具体的な内容にも言及されている
のも特徴的である．

　例えば，機会を特定する力量には，市場及び技術の分析，エスノグラフィー
（ユーザー観察などの方法），そしてデザイン思考，シナリオプランニングとい
ったものである．

　この規格に記載されている力量すべてがあらゆる組織・個人に求められると
いうことではなく，組織の目指すべきイノベーションや必要とされるイノベー
ション活動・イノベーション・マネジメントシステム（IMS）から逆算し，そ
のために必要な力量は何かを考え，身に付けていくということになる．

　試行錯誤の五つのイノベーション・プロセスに関する能力でいえば，デザイ
ン思考，リーン・スタートアップやビジネスモデルキャンバス，シナリオプラ
ンニングなどの方法論と手法については，近年急速に整備されて，オンライン
での講習など非常に学びやすくなっている．

　こういったツールを教育研修で学び，実践活動に適用することは，多くの組
織で実施されており，効果もあるであろう．ただし，研修を受ければ質の高い
試行錯誤ができるわけではなく，箇条7の支援体制の他の要素や他の箇条の
要素（組織の状況，リーダーシップ，計画，活動，パフォーマンス評価，改
善）が整っていなければ，力量のみに注力しても望んでいるような効果は得ら
れないことがほとんどである．だからこそ，システムアプローチが重要なので
ある．

　もちろん力量は非常に重要だが，イノベーション・マネジメントシステム
（IMS）は経営システムであるため，全体をとらえた構想をもち，その中で必
要とされる力量を高めるという優先順位を考えることが推奨されている．

"7.2 力量"の規格本文を次に示す（一部抜粋）.

7.2 力量

7.2.1 組織は，次の事項を行うことが望ましい.

a) イノベーション・マネジメントシステムのパフォーマンス，有効性及び効率性に影響を及ぼす業務をその管理下で行う人々に必要な力量を決定する.

b) 適切な教育，トレーニング又は経験によって，上記の人々が力量を備えていることを確実にする.

f) 組織の集合的な力量を活用するため，様々な力量をもつ人々の間の必要なつながり及び協働を確立する.

---

7. **"7.3 認識"**

8. **"7.4 コミュニケーション"**

　認識とコミュニケーションという二つの要素は密接に関連しているので，ここではまとめて説明する.

　"認識"ではどのような項目に認識をもってもらうのかが記載されており，"コミュニケーション"ではその認識や組織内の積極的な関与を生むためのコミュニケーションに関わる事項が記載されている.

　箇条4と箇条5では，イノベーションの意図，ビジョン，戦略，方針，組織構造や役割の重要性について見てきた．ここでは，それらを組織の内外に向けてコミュニケーションし，皆の共通認識にできているかということが問われている.

　イノベーションの意図やビジョンがあっても，それを強く共感できていない従業員が多くいれば，イノベーション活動は駆動されない．また，それぞれに期待されている役割や貢献が理解されていなければ，実際に具体的な活動にはならない.

そのため，組織内外，特に各部門や従業員に向けて，さまざまなチャネルを使いながらコミュニケーションしなければならないということになる．

また，イノベーション・マネジメントシステム（IMS）におけるイノベーション活動は全員参加型をうたっている．役割は，機会の特定かもしれないし，ソリューションの開発かもしれない．ソリューション導入のマーケティング部分かもしれない．あるいはシステム（IMS）の仕組みを整える側の役割かもしれない．役割と立場は違っていても，同じイノベーションを組織として目指すのであれば，目的，ゴール，戦略や大切にする価値観などについて，同じ認識をもつ必要がある．

そのためには，組織としてコミュニケーションに力を入れる必要がある．そして，イノベーションで成果を出している組織の多くは，こういった共通認識の醸成やコミュニケーションに必ず力を入れているのである．

"7.3 認識" "7.4 コミュニケーション" の規格本文を次に示す（一部抜粋）．

7.3　認識

　組織は，組織の管理下で働く全ての関連する人々が，次の事項に関して認識していることを確実にすることが望ましい．

a）イノベーションのビジョン，戦略，方針及び目標

7.4　コミュニケーション

　コミュニケーションは，認識を生み出し，人々の積極的参加を強め，取組みに備え，思考のリーダーシップを確立し，影響を与え，ブランド価値を築くことなどが行われることを可能にする．

9.　"7.5 文書化した情報"

ISO などの国際規格で "文書化" というと，膨大な資料づくりや煩雑な手続きを想像される読者の方も多くいるかもしれない．ただ，ここでいう文書化は非常にシンプルで，"イノベーション・マネジメントシステム（IMS）推進

に有用な情報は文書化し，共有しよう"ということである．

　例えば，イノベーションの意図，ビジョン，戦略，方針，それぞれの部署の役割や期待，それぞれに求められる力量と，その力量を身に付けるために用意されている研修カリキュラムなど，こういったものが文書化され，共有されていなければ，折角，組織として確立されていても効用を発揮しない．そうならないように，確立したこと，存在するもののうち，必要なものは文書化して共有しようという，当然のことをいっているだけなのである．

　これまでの他のISOマネジメントシステムでは，文書化することが目的になってしまっていたという事例が散見されている．イノベーション・マネジメントシステム（IMS）では，目的は常にイノベーションによる価値創造であり，その目的を達成するための手段として，必要な情報を文書化するのである．この目的と手段の逆転が起こらないように，組織的にシステム（IMS）の理解を進めることも重要である．

　"7.5 文書化した情報"の規格本文を次に示す（一部抜粋）．

7.5　文書化した情報

7.5.1　概論

　組織のイノベーション・マネジメントシステムは，次の事項を含むことが望ましい．

a）この規格が提案する文書化した情報

b）イノベーション・マネジメントシステムの有効性のために必要であると組織が決定した，文書化した情報

10．"7.6 ツール及び方法"

ツール及び方法は力量とも関係が深い．特に，イノベーション・プロセスの前半，機会の特定，コンセプトの創造，コンセプトの検証といった活動には，デザイン思考，リーン・スタートアップ，ビジネスモデルキャンバス，シナリ

オプランニング等の方法論が整備されており，さまざまな学習プログラムも学びやすく整備されている．

　その観点からすると，自社で独自のツールと方法を開発するよりも，すでにグローバルスタンダードとなっているものを取り入れるほうが効果的なことが多い．実際に筆者やパートナー組織，イノベーション活動を積極的に行っている組織の多くも，上述したような具体的なツールを使って活動している．

　ただし，目的が曖昧なまま，ツールや方法だけを先行して取り入れる方法では効果が出ないことが明確になっている．どんな目的でどんな効果を期待して，ツールを導入するかを明確にすることが重要であり，ツールを導入することが目的になってはいけないのである．

　また，古い経営システムに最新のツールを導入しても，効果を発揮できないことが多い．これは，一昔前のコンピューターのOS（Operating System）であるMS-DOSでは，現在我々が使っているような最新のアプリ・ツールを開くことはできないことと同様である．だからこそ，最新のツールを有効的に使うために，OSの刷新が必要であり，イノベーション・マネジメントシステム（IMS）の導入が求められるのはそのためである．

　経営システム全体の関係性，状況なども踏まえながら，必要なツールや方法を選び，計画的に導入し，展開していくことが大切である．また，そのツール導入の際には，きちんと教育を施し，力量を高めることが重要である．

　"7.6 ツール及び方法"の規格本文を次に示す（一部抜粋）．

7.6　ツール及び方法

　組織は，イノベーション・マネジメントシステムを開発，維持及び改善するために必要なツール及び方法を決定し，提供し，かつ，維持することが望ましい．

---

11. "7.7 戦略的インテリジェンスのマネジメント"

戦略的インテリジェンスは，あまり聞き慣れない言葉かもしれない．しかし，イノベーション・マネジメントシステム（IMS）においては，戦略的インテリジェンスについてだけの ISO 56006（イノベーション・マネジメント－戦略的インテリジェンスマネジメントのためのツール及び方法－手引）という規格が 2021 年に発行されており，それだけ重視されている，非常に重要な項目である．

日本語であれば，"information" も "intelligence" も両方とも "情報" と訳されることがあるが，意味合いが異なる．インフォメーションは "意味あるデータ" である．インテリジェンスは "組織が戦略的な意思決定を行うためにそういった情報を収集し，分析し，そこから洞察を導くという一連のプロセス" のことをいう．米国の中央情報局である CIA の I もインテリジェンスであり，情報を集めるだけでなく，未来視点で洞察を導き，改善，あるいはその戦略の正しい意思決定，これを導くことが必要である．

特にイノベーションにおいては，現在具体的に見えている機会や兆候，それからかすかな兆候，さらに我々が気付きもしないような本当に隠れた兆候，こういったことも含めて見ていかなければ，インテリジェンスとはならないのである．

読者の方々の組織には，こういった機能があるだろうか．顧客や市場，技術や競合，そして法規制，その他の規制，あるいはローカル及びグローバルの動向，社会の変化，経済の動向等にアンテナを立て，情報を収集するだけではなく，分析し，洞察を生み出し，タイムリーに経営や必要な部署に共有して，イノベーションのための意思決定を導く，こういった一連の活動において，インテリジェンスは非常に重要である．

このような戦略的意思決定をサポートするインテリジェンスがなければ，機会を見逃してしまったり，全く新しい革新的な技術が出現して軌道修正を余儀なくされたり，あるいはちょっとした法規制の変化に非常に大きな影響を受け

て苦境に陥ったり，さまざまな負の影響が起こりかねない．不確実性に取り組むということがイノベーション活動だからこそ，それをベースにした戦略的インテリジェンスを活かして，不確実性をマネジメントしていくことが大切になる．

"7.7 戦略的インテリジェンスのマネジメント"の規格本文を次に示す（一部抜粋）．

7.7　戦略的インテリジェンスのマネジメント

　組織は，戦略的インテリジェンスをマネジメントするための方法を確立することが望ましい．

12．"7.8 知的財産のマネジメント"

　イノベーション・マネジメントシステム（IMS）における知財のマネジメントについても，ISO 56005（イノベーション・マネジメント－知的財産マネジメントのためのツール及び方法－手引）という規格が2020年に発行されている．この要素もそれだけ重視され，システム（IMS）において非常に大きな役割をもつということである．

　ISO 56002ではまず，保護すべき，あるいは保護すべきでない知財を明確にせよと記載されている．特許や著作権，商標などで守るべきもの，逆にオープンソース化し，協働のベースに使うものとする方法もあり得るためである．さまざまな選択肢があり得るが，そういった知財活用に関する方針をしっかり定めようということである．

　そのうえで，知財を生み出し，保護し，活用していくという自社のプロセスやアプローチを確立せよと求めている．

　その中には，知財から価値を実現していく方法，例えば，ライセンスの供与，クロスライセンスも含まれており，協働する際に機密保護を確実にするためのルールや，逆に競争相手からの侵害をいかにマネジメントするかといったこと

も含まれている．そのため，従来の知財戦略とは多少異なり，総合的な戦略，アプローチを取ることを推奨されているといえる．

"7.8 知的財産のマネジメント"の規格本文を次に示す（一部抜粋）．

7.8 知的財産のマネジメント

組織は，イノベーションの戦略と一致し，これを支える知的財産のマネジメントのための方法を確立することが望ましい．

組織は，次の事項を考慮することが望ましい．

a) 保護すべき知的財産及び保護すべきではない知的財産資産，並びにそれが保護される時期，方法及び場所を定義すること．例えば，特許，著作権，商標，営業秘密，クリエイティブ・コモンズのライセンス及びオープンソースのライセンス

以上，イノベーション・マネジメントシステム（IMS）を構成する支援体制の 12 の構成要素を確認した．前述したように，これらの要素は，相互に関連しながら，一つの支援体制を構築している．"これ一つだけ整えればイノベーションが興る"という特効薬は存在しないので，重要な要素を優先順位付けしたうえで，すべての支援体制を整えていくことが重要である．支援体制を成熟させながら，最終的にはイノベーション・マネジメントシステム（IMS）全体を成熟させていく．そのような視点をもち，計画的に進めていくことが重要なのである．

5.3　"8 活動"

5.3.1　"8 活動"の解説

"8 活動"は"意図に基づいて形づくられたアイデアを，いかに価値に変換するか"というイノベーション活動そのものをどのように計画し，マネジメントするか，そしてイノベーション活動における五つのプロセスについて具体的に言及されている．

箇条 8 の構成要素は，次のとおりである．

---

8 活動
8.1　活動の計画及び管理
8.2　イノベーションの取組み
8.3　イノベーションのプロセス
　　8.3.1　概論
　　8.3.2　機会の特定
　　8.3.3　コンセプトの創造
　　8.3.4　コンセプトの検証
　　8.3.5　ソリューションの開発
　　8.3.6　ソリューションの導入

この箇条 8 の表題は，この規格（原文）では"operation"が使われており，他の ISO マネジメントシステム規格を翻訳した JIS では"運用"と訳されている．しかし，この運用という言葉には，特にビジネスシーンでは"決められたことを決められた手順で効率的に行う"というニュアンスが含まれる．これは，試行錯誤をしながら仮説検証していくイノベーション活動とは相容れない言葉であるため，この規格では"活動"という訳があてられている．そういった背景も含めて理解してほしい．

イノベーション活動というのは，次の図 5.3 に示すとおり，イノベーションの意図に基づいて，一定のイノベーション・プロセスを経て，価値を生み出すという一連の活動である．この意図の部分は箇条 4 で説明している．イノベ

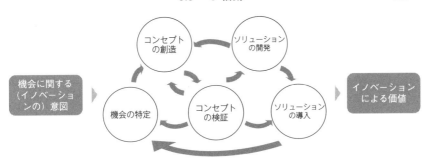

図 5.3 イノベーション・マネジメントシステム
における活動プロセス

ーションの意図とは，こういう世の中を実現したい，あるいは特定の顧客層の
この問題を解決したいという，なぜイノベーション活動が組織にとって必要な
のかということを示すことであった．その意図に則り，機会を探し，イノベー
ション活動を始めて，プロセスを経て価値を生み出すということになる．

　イノベーション活動の本質は"行ったり来たりの試行錯誤を通した仮説検証
活動"であり，その仮説検証を通して知識を生み出していく"知識創造プロセ
ス"であるということを理解してほしい．

　箇条6で説明したとおり，こういった試行錯誤を計画的に，体系的に行う
ことが重要であり，ここでは，試行錯誤の正しい手順・方法を説明する．

　まず，イノベーション活動の全体像について説明する．イノベーション活動
とは，図5.3に示すとおり，"機会の特定"から"ソリューションの導入"ま
での，この一連の活動にあたる．そしてこのプロセスが行ったり来たりの非直
線的で，反復的なプロセスであるということに特徴がある．

　時折，イノベーション活動というと，前半部分だけ，例えば，機会の特定や
コンセプトの創造までを指していると誤解されていることがある．しかし，イ
ノベーションとは，第1章で説明したとおり，"価値を生み出す活動"である
ため，ソリューションを導入し，市場や社会，顧客に価値を提供しなければ，
イノベーションとはいえない．

　そして，今回のこの規格の特徴の一つとして，五つのプロセスすべてがイノ

ベーション活動であると定義されているところが重要である．

　箇条8の活動で特に大切なのが，次の三つのポイントである．

5.3.2　"8 活動"のポイント

> **"8 活動"のポイント**
>
> **1.** 自社のイノベーション活動の計画には，十分な自由度と柔軟性があるか．
> **2.** 組織的なイノベーションのプロセスを確立し，高品質な試行錯誤を実施しているか．
> **3.** 自社のイノベーション・プロセスは，柔軟で，非直線的（non-linear）・反復的（iterative）であるか．

それぞれ具体的に見ていこう．

> **ポイント 1：**
> **自社のイノベーション活動の計画には，十分な自由度と柔軟性があるか．**

　ポイントの一つ目は"イノベーション活動の計画"についてである．箇条6の計画では，イノベーション・マネジメントシステム（IMS）をどのように構築し，成熟させていくかについての計画に触れたが，箇条8の計画は，イノベーション活動に関しての計画である．言葉だけを見ると，この二つは非常に混同しやすいため，きちんと分けて理解する必要がある．

　イノベーション活動は，不確実な活動であるがゆえに，計画が必要である．ただし，その方法には，通常のマネジメント手法である活動の開始時点に決めた計画を着実に実行するマネジメント手法とは異なるタイプの計画が必要となる．不確実で不安定なイノベーション活動は，既存事業のように，ウォーターフォール型には進まないことがほとんどのため，"自由度"と"柔軟性"が求

められるのである.

　ただし，自由度と柔軟性をもっているということは，何でも好き勝手にやってもよいということではない．組織として，各イノベーションのプロセスごとに最低限必要とされる活動や優先的に仮説検証を行う項目は決まっているべきであるが，もしプロジェクト開始時に決めた計画どおりに検証活動が進まなかったり，当初想定していなかった，新たな懸念事項が出てきたりした場合には，自由度をもって，活動の優先順位を変える柔軟性が必要になる．そういったことができるような計画になっているかが問われているのである．

　この自由度と柔軟性の幅は，組織ごとに置かれている文脈や目指しているイノベーションにより異なるため，ここも画一的な正解があるというわけではない．ぜひその点も理解してほしい．

　計画に自由度と柔軟性を求めるというのは，既存事業のマネジメント志向とは異なるため，馴染みがなければ，実際のイメージがつきにくいかもしれないが，既存の活動プロセスとは違った"自由で柔軟なプロセス"があり得るということ，そしてイノベーションのプロセスとはそういうものであるべきであることを理解してほしい．

　ポイント1に関連する規格本文を次に示す（一部抜粋）.

8.1　活動の計画及び管理

　活動の計画は，特に創造的な活動及び実験活動に関して，不確実性をマネジメントするためのより高度な自由及び柔軟性を織り込んでおり，異なる管理方法を必要とする可能性がある．この方法は，他の確立した経営管理の定石とは異なる可能性がある．

ポイント2：
組織的なイノベーションのプロセスを確立し，高品質な試行錯誤を実施
しているか.

　まず大事になるのが"組織的なイノベーション・プロセス"があるかどうか
という点である．多くの組織では，研究開発プロセスは非常に組織的に運用さ
れており，それがイノベーション・プロセスの代わりとして機能しているとこ
ろも多いのではないだろうか．しかし，既存の研究開発プロセスでは，不確実
性の高いイノベーション活動をマネジメントするプロセスにはなっていないこ
とがほとんどであり，多くのイノベーション・プロジェクトが，リスクが高い
という理由で，次のステージに進めない，若しくは既存事業部に引き取っても
らえないということが頻発している.

　ここでは，不確実性の高いイノベーションのアイデアやコンセプトの精度を
高めることができるイノベーション・プロセスがあるかどうか，またそのプロ
セスが組織的に運用されているかを問うている．多くの組織では，組織として
確立したイノベーション・プロセスをもっているところは少なく，組織的なプ
ロセスはないまま，属人的にイノベーション活動を行っていたり，プロセスは
あっても一部の部署やチームだけが運用していたりするだけという様子が散見
される.

　組織としてのイノベーション・プロセスを構築しているか，そのプロセスが
きちんと浸透しているか，まずは一部の組織からの導入でもよいので，組織的
なイノベーション・プロセスを確立することが重要である.

　イノベーションのプロセスが組織的に確立することで，個人活動の際には必
要であった内部説得や，社内調整という個人の労力がむしろ外部，組織の外の
顧客，あるいはその先にある巨大マーケットに向かって，価値を生み出す活動
にエネルギーの大半を使えるということが非常に重要なポイントとなる.

　多くの組織で内部説得や社内調整に膨大なエネルギーを割いていることを散
見する．自分のエネルギーの多くを内部の調整に使ったり，上司の説得に使っ

たりすることは，一言でいうと，本来使う必要のない無駄な時間である．そう
ならないために，組織的なプロセスになっている必要があるということである．

　また，イノベーションのプロセスは"高品質な試行錯誤を促すプロセス"に
なっている必要がある．ここでいう高品質とは，具体的には，各組織として仮
説検証活動を行う際に，どの仮説からどの順番で仮説検証を行い，そこで得
られた知識や経験をどのように蓄え，共有するかを組織的に確立するというこ
とである．このようなことをきちんと定めたうえで，計画的に仮説検証を行う．
ただ単にあてずっぽうで仮説検証を行うのではなく，計画的に，一つひとつ活
動を積み重ねていくことで，品質は高まっていく．これはまさに知識創造プロ
セスそのものであり，そういった活動が推奨されているのである．

　ポイント2に関連する規格本文を次に示す（一部抜粋）．

8.2　イノベーションの取組み

8.2.1　組織は，次の事項を考慮しつつ，それぞれのイノベーションの
取組みをマネジメントすることが望ましい．

h）適切なイノベーションのプロセスを構築し，実施すること

ポイント3：
自社のイノベーション・プロセスは，柔軟で，非直線的（non-
linear）・反復的（iterative）であるか．

このポイントは，まさにイノベーション・プロセスの中の肝中の肝といえる．
先ほどイノベーション・プロセスが組織的に確立されていることの重要性を説
明したが，折角，組織的に確立されたプロセスでも既存事業のような直線的で，
ウォーターフォール型のプロセスでは全く意味がない．ここのキーワードは，
"非直線的（non-linear）"と"反復的（iterative）"ということである．

　行ったり来たりの試行錯誤をするというのが，イノベーション・プロセスの
特徴である．顧客がいると思い，さまざまな仮説検証活動を行ったが，どうや

ら想定していた顧客はいなかった，若しくは少数しかいなかったため，結果的には採算が取れない可能性が高いという場合には，自由度をもって計画を柔軟に変更し，一旦プロセスを戻してみて，もう一度顧客を探す，ファーストアプリケーションを探すという行動はイノベーション活動にとっては当たり前のことである．

戻ること，すなわち，もう一度同じプロセスの活動を繰り返すことができるような，言わば当たり前のことができるようなイノベーション・プロセスになっているかということが，ここでは問われている．また，こういったプロセスを組織的に確立し，それを社内外の関係者に周知することも非常に重要である．

通常のプロセスでは，戻ることは失敗というようにとらえられてしまうことが多い．しかし，イノベーションの活動では，戻ることは失敗ではなく，"うまくいかない方法が一つ見つかった" とか，"最終的な成功確率を上げる方法が見つかった" というように，ポジティブにとらえるのが重要である．そういった知識や経験が組織のものとなり，知識創造活動をしながら着実に前進し，最終的にうまくいく方法を見つけることがイノベーション活動なのである．

ただし，ここで重要なのは，何でも彼でも戻っていいというわけではないということである．イノベーション活動では "ピボット（pivot）" という言い方をするが，通常ピボットとは，軸足をどこかに置いて，その軸足を動かさずに，もう片方の足を動かすことをいう．これをイノベーション活動にあてはめると，軸足を "技術" 又は "課題（顧客の困りごと）" と置く．軸足はぶれてはいけない．

技術に軸足を置いて，その技術の使い道（アプリケーション）を定めてプロジェクトを始めたが，想定していたアプリケーションを求めている顧客がいないということになった場合には，違うアプリケーションを探す．軸足は常にその技術に置いておくべきなのである．

軸足を決めずに，絶えず両足を動かしてしまうと，それはバスケットボールではトラベリングという反則である．軸足を固定せずに両足共に動かしてしまうというのはプロジェクトやテーマのピボットではなく，もともとの形跡がわ

からない新規プロジェクトや新規テーマということになってしまう. 何でも彼でも戻ることが許されるわけではないというのは, そのようなことであると理解してほしい.

ポイント3に関連する規格本文を次に示す (一部抜粋).

8.3　イノベーションのプロセス

8.3.1　概論

イノベーションのプロセスは, 柔軟性及び適応性を備え, 様々な構成 (例えば, イノベーションの種類及び組織環境) を取る可能性がある. イノベーションのプロセスは, 次の特徴をもつ可能性がある.

a) 一部のプロセスについて速い道筋を形成する.

b) 非直線的な順序をとる.

c) 反復的である.

5.3.3　"イノベーション活動のプロセス"のポイント

それではここからは, イノベーション活動のプロセスに関して, 具体的な五つのステップである "機会の特定" "コンセプトの創造" "コンセプトの検証" "ソリューションの開発" "ソリューションの導入" について説明する.

イノベーション活動におけるプロセスは, 機会の特定からソリューションの導入の五つのプロセスで形成されており, これらのプロセスは連続的な活動になるため, 一つ前のプロセスのアウトプットが, その次のプロセスのインプットになる.

具体的には, 図5.4に示すとおり, コンセプトの創造のインプットは, 一つ前のプロセスである機会の特定のアウトプットということになる. 補足として, リスクを取ってでも早く進めたいということであれば, あるプロセスを飛ばす, いわゆるファストトラックするということは常にあり得る. 例えば, 競合他社よりも早く商品を投入したい, そのためには売れるかどうかの確証は得られていないが, リスクを取ってより早くリリースするというようなことである.

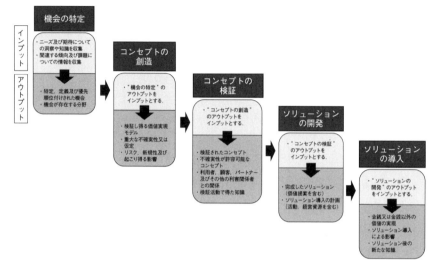

図 5.4　それぞれのプロセスの関係

　ここでいうアウトプットとは，何ができていたら，機会の特定ができたという判断になるかということである．では，機会の特定とコンセプトの創造を見ながら，具体的にインプット，プロセス，アウトプットの考え方を見ていこう．

　機会の特定では，文字どおり，組織として狙うべき機会を特定する．機会を特定するためには，インプットとして，ニーズや期待，市場でのトレンドやさまざまな課題等について情報収集する．インプットを踏まえ，スループットである活動を通してアウトプットを出す．

　機会の特定のアウトプットとしては，この規格の 8.3.2 の最後の段落に "特定，定義及び優先順位付けされた機会，機会が存在する分野，又は問題の記述" とある．これは "消費者が，こういうことで困っているので，これを解決したい"，あるいは "A という国の，B という地域で，C という課題がある" という意味合いである．

　機会はたくさんあるため，そういった機会を組織として優先順位付けをすることも機会の特定の重要な活動となる．ここで特定され，優先順位付けされた機会が，今度は次のコンセプトの創造のインプットとして規定されるというこ

とになる.

　コンセプトの創造段階におけるアウトプットとしては, 価値実現モデルを伴うコンセプトであり, これは初期ビジネスモデルと言い換えることもできる. すなわち, 仮説レベルでよいので, ビジネスモデル及びビジネスに必要とされる諸要素が検討されていなくてはならないということである.

　また, 重大な不確実性やリスクを理解し, 仮定 (assumption) が理解されている状況である. これがアウトプットとして規定され, それが今度は, コンセプトの検証のインプットになるというように, それぞれの活動のアウトプットが, 次の活動のインプットとして使われるという構造になっている.

　ここで重要なのは, 一つ前の活動のアウトプットの質が悪ければ, 質の下がったインプットで次の活動を始めることになるということである. そうすると, 結果として, そこのアウトプットはさらに質が悪くなり, それがまた次の活動につながっていく. ますます活動の質が下がっていくという負の循環に陥っていく.

　だからこそ, 決められた期間で求められているアウトプットが出ないのであれば, 無理に次のプロセスに進むのではなく, 反復的に同じプロセスの活動を繰り返すということが非常に重要となる. 最も重要なのは, 次のステップに進むことではなく, 不確実性をできる限り下げながら, 最終的な成功確率を上げることにある.

　ではここから, イノベーション活動における五つのプロセスの大事なポイントについて具体的に見ていこう.

"イノベーション活動のプロセス"のポイント

1. **機会の特定：**
   明示されていない潜在的なニーズの重要性と，それらを優先順位付けすること

2. **コンセプトの創造：**
   事業の構成要素を考慮に入れた初期ビジネスモデル（価値実現モデル）をきちんと検討すること

3. **コンセプトの検証：**
   最も重要な不確実性，仮説，前提条件から検証活動を行い，不確実性を許容可能なレベルまで低減すること

4. **ソリューションの開発：**
   過度の自前主義に陥らず，必要に応じて，外部との連携を柔軟に探ること

5. **ソリューションの導入：**
   導入後に得られたフィードバックをもとに，新たな機会を発見する活動をすること

ポイント1．機会の特定：
明示されていない潜在的なニーズの重要性と，それらを優先順位付けすること

　潜在的ニーズとは，顧客の声として現れないニーズ，あるいは顧客自身もよくわかっていない，課題と思っていない，若しくは気付いてすらいないかもしれないニーズのことである．

　これとは逆に，顧客の声や不満，期待値などのすでに目に見える形で明示されているニーズは顕在的なニーズと呼ばれる．もちろんそういった声も重要だ

が，むしろここでカギとなるのは，潜在的ニーズのほうである．

　米国の経営学者であるクレイトン・クリステンセンが提唱した"ジョブ理論"もこういった発想と同様であるが，顧客も気付いていないような潜在的，本質的なニーズ（ジョブ）をとらえることが，イノベーションの成功確率を劇的に飛躍させる．このような潜在的ニーズを意識的に収集し，その中でもさらに，"優先順位を付ける"ことが大事である．潜在的なニーズをとらえるところまでは，多くの組織で取り組んでいるものの，そこに優先順位付けをするところまでをこの機会の特定では推奨されているのだ．その優先順位付けを行う際に，重要になるのが各社独自のイノベーションの意図や戦略である．

　本書の中で何度か述べているように，イノベーション活動は"意図に基づいて活動する"ということが大切である．イノベーションの意図とは，本書の第4章で説明したとおり，どういったイノベーションを興してどのような価値を顧客や市場に届けたいのかということである．そのイノベーションの意図から，組織としてのイノベーション戦略が形づくられ，そのうえで，組織としての優先順位付けが行われる．

　どのようなイノベーションを狙うのか，どのような価値を届けたいのかということが機会を優先順位付けするうえでのカギとなる．また，この優先順位付けは，本書の第1章で説明したイノベーションのポートフォリオという考え方にもつながる．現在の優先順位としては高くないが，将来の課題を解決するためには必要な活動ということも往々にしてあり得る．そういったときは，機会自体をポートフォリオに入れて，優先順位は落としつつ，管理しながら，外部環境や組織の優先順位が変わればいつでも活動に取り組めるようにしておくことが重要である．

　こういった活動を通して優先順位付けされた機会や機会の存在する領域，顧客のニーズ等がアウトプットとして，次のプロセスである"コンセプトの創造"におけるインプットとなる．

ポイント1に関連する規格本文を次に示す（一部抜粋）.

8.3.2 機会の特定

組織は，次の事項を実施することが望ましい.

a）明示された，及び明示されていないニーズ及び期待についての洞察と知識とを獲得する.

b）関連する動向及び論点（例えば，競合他社，技術，知的財産及び市場に関連するもの）についての，洞察及び知識を獲得する.

c）機会又は機会が存在する領域（例えば，及ぼす影響，実現する可能性のある価値又は問題の記述）を特定及び定義する.

ポイント2. コンセプトの創造：
事業の構成要素を考慮に入れた初期ビジネスモデル（価値実現モデル）をきちんと検討すること

この規格で定義しているコンセプトとは，一般的なビジネス用語でいうと，"ビジネスモデル"又は"価値実現モデル"ということになる．ビジネスモデルとは，どのような顧客に，どのような価値を届けるのかということである．そのためには，どのような活動が求められており，だれと組み，どのような方法で利益を生み出すのかというところまで考えるのが，この規格でいうコンセプトということになる.

コンセプトの創造段階では，まだ仮説でよいため，どのような仮説を次のプロセス（コンセプトの検証）で検証するのかということをきちんと可視化することが重要である.

その際，ローザンヌ大学の教授であり，筆者のアドバイザーでもあるイヴ・ピニュールの開発したビジネスモデルキャンバス（BMC）は，非常に有効なツールになる．BMCが世界中で使用されているのは，ビジネスを考えるうえで，重要となる要素が簡潔にまとめられ，その要素同士のつながりが見えやす

いように1枚にまとめられているからである．こういったグローバルスタンダードになっているツールを使いながら，コンセプトの仮説をつくることがこの段階では重要である．

ポイント2に関連する規格本文を次に示す（一部抜粋）．

8.3.3 コンセプトの創造

組織は，コンセプトを創造するために，インプットとして，特定及び定義された機会を考慮することが望ましい．

組織は，次の事項を実施することが望ましい．

d） 価値提案を含む，アイデア及び潜在的なソリューションからコンセプトを開発すること

e） 価値を実現する可能性のある複数の代替手段（例えば，仮説段階のビジネスモデル，運営モデル又はマーケティングのモデル）を開発すること

ポイント3．コンセプトの検証：
最も重要な不確実性，仮説，前提条件から検証活動を行い，不確実性を許容可能なレベルまで低減すること

そもそもコンセプトの検証とは，前のプロセスであるコンセプトの創造で立案した仮説を検証していくということになる．その中で最も重要な検証事項というのは，最もリスクが高い要素，又はビジネスモデルの前提条件になっているものである．

具体的には"想定している顧客は本当にいるのか"，そもそも前提条件として置いている"'こういう悩みがあるはずだ'という顧客の課題に関する仮説は正しいのか"ということを検証していくことになる．

これらの真偽がこの後すべての仮説検証活動の前提になっているため，仮説検証を通して一つひとつ立てた仮説が正しいかどうかを確認し，リスクを削減

していくという活動になる．本書の第1章で説明したエリック・リースのリーン・スタートアップの考え方やその師匠であるスティーブ・ブランクが提唱している顧客開発というような考え方がすべて入っているのも特徴である．

ISO 規格としては，特定のツールを推奨することや，規格内でそれらを言及することができないため，用語としては言及されていないが，この規格には，最新のイノベーションツールの基本的な考え方はすべて内包されていると理解してほしい．

話を戻すと，このコンセプトの検証段階では，仮説検証活動を行うわけであるが，すべての不確実性をゼロにするのは不可能なため，不確実性を許容可能なレベルまで下げる必要がある．箇条4やイノベーションのポートフォリオを踏まえ，"ここまではリスクを受け入れることができる，しかしこれ以上はさすがに無理だ"という形で評価基準を設定するということである．特にスピードが要求されるイノベーション活動においては，事前に許容可能なリスクを明記することが，結果的にイノベーション活動の全体としてのスピードを速めることにもつながる．

このコンセプトの検証の活動において，何を検証するのかというと，大きく分けて四つの項目がある．それは"需要""実現性""収支""(事業) 環境"である．

最も大きなリスクは"需要"である．とりわけ"お金を払ってでも欲しいと思ってもらえるか"ということである．仮説検証の中で"素晴らしいサービス・商品ですね"という良いフィードバックをもらうことはあろうが，重要なのは"お金を払ってでも欲しいと思ってもらえるか"である．実際に支払いの話になると"無料であれば，欲しい""このサービスは本当に素晴らしいけど，お金は払えない"というようなことを見聞きすることも多いのではないだろうか．実際につくってしまってから，こういった声を聞くのは最悪のケースであるので，ソリューション開発の前の段階で，"お金を払ってでも欲しいと思ってもらえるか"という点を検証することが重要である．

多くの組織が，技術的につくれるのかという"実現性"の検証に多くの資源

を割いて行っているのではないだろうか．もしかしたら，技術的な検証しかしていない組織も多いかもしれない．しかし，そもそも行おうとしていることの需要が本当にあるのかということは，担当者なりプロジェクトチームなりの偏った思い込みであることが多い．こんなに素晴らしい技術の製品は絶対に売れるはずだというような思い込みである．技術的にどれだけ性能が高くても，顧客が望んでいないものは売れないということを，実は我々は何度も何度も目撃しているのだが，いまだに需要の検証は後回しになりがちであるということが非常に多い．

"需要があるか検証しないままとりあえずつくってみたが，売れませんでした"というようなことを避けるため，まず四つの項目の中から"需要"を検証していくことが鉄則である．

ポイント3に関連する規格本文を次に示す（一部抜粋）．

8.3.4 コンセプトの検証

組織は，コンセプトを検証するために，創造したコンセプトをインプットとして考慮することが望ましい．

組織は，次の事項を実施することが望ましい．

c) 最も重大な不確実性，仮説又は仮定からコンセプトの検証に取り組み，次の事項に関連する不確実性を低減するために，学習し，フィードバックを獲得し，新たな知識を創造すること

これらの活動は，次のアウトプットをもたらす可能性がある．

－検証されたコンセプト，又は更なる開発を進めるために，コンセプトの不確実性が許容可能な水準であることの実証

ポイント4．ソリューションの開発：
過度の自前主義に陥らず，必要に応じて，外部との連携を柔軟に探ること

ソリューションの開発段階においては，許容可能なレベルまで不確実性が落ちているビジネスモデル（コンセプト）がインプットとしてくることが前提になっている．

ここでいうソリューションというのは，モノやサービスといったものがすべて含まれるが，ここからは実際にそういったソリューションを創る活動に入っていく．

このときに重要な考え方は，必要に応じて外部との連携も模索するということである．多くの日本企業が自前主義に陥ってしまい，ソリューション開発に必要以上の資源を割いてしまっているという点が大きな課題である．もちろん，自社のもっている広い意味の資産（技術や知識，あるいはネットワークなど）を使うのは大前提であるが，"自社での開発では莫大なコストがかかってしまう"とか"自社では必要な知見を持ち合わせていない"ということであれば，外部パートナーを探すという思い切った判断が必要になる．

また，イノベーション活動ではスピードが重要である．折角，素晴らしいコンセプトが検証段階まできたのに，ソリューション開発で遅れをとってしまうということでは，競合他社に先を越されてしまう．そのため，過度の自前主義に傾倒するのではなく，外部パートナーと協働して，ソリューションをなるべく早く導入していくということが，結果として自社にとって最善の策になることも多い．技術力に自信がある組織であればなおさら，このポイントは重要であり，外との連携をはじめから頭に入れておく必要がある．

ポイント4に関連する規格本文を次に示す（一部抜粋）．

8.3.5　ソリューションの開発

組織は，ソリューションを開発するために，検証されたコンセプトをインプットとして考慮することが望ましい．

組織は，次の事項を実施することが望ましい．

a) 価値実現モデルを含め，コンセプトから実用的なソリューションを
開発すること

b) ソリューションを内部で開発するか，又は買収，ライセンス供与，
提携，外部委託などを通じて開発するかを検討すること

ポイント5.　ソリューションの導入：
導入後に得られたフィードバックをもとに，新たな機会を発見する活動
をすること

ソリューション導入後も，社内外の広い関係者からのフィードバックを得な
がら，ソリューション改善や新たな機会発見などの新たな知識・機会を獲得す
る活動は行われているか．

ここでのポイントは，導入して終わりではないということである．当然，製
品やサービスといったものの導入されたソリューションの改善を図るというこ
とは，多くの組織が行っていることであろう．また導入後の製品やサービスに
おける保守・点検サービスに関する情報提供を受けることは往々にしてあるの
ではないだろうか．

しかし，ここで大切なのは，ソリューション導入後もフィードバックを通し
て新たな機会を見つけるということである．具体的には，ソリューションの導
入後も，社内外の広い関係者からフィードバックを得ながら，"こういうニー
ズもあるのではないか"，あるいは"これはまだ顧客は気付いていないが，こ
うするとより良いのではないか"という新たな機会の発見を行うということで
ある．こういった新たな機会を探る活動がソリューションの導入後でも，実は
非常に重要になってくる．

本書の第2章の図2.2（33ページ参照）の中ほどに示すように，"ソリューシ
ョンの導入"から"機会の特定"へ矢印が伸びている．この矢印には"ソリュ

ーション導入後でさえもそこで得たフィードバックをもとに新たな機会を探索する”という意味が込められているということも理解してほしい.

　ポイント5に関連する規格本文を次に示す（一部抜粋）.

8.3.6　ソリューションの導入

　組織は，ソリューションを導入するために，開発したソリューションをインプットとして考慮することが望ましい.

　組織は，次の事項を実施することが望ましい.

f）ソリューションを改善し，関係者との関係を発展させ，新たな機会のきっかけとなるように，導入後に新たな知識を獲得すること

　この箇条8は，イノベーション・マネジメントシステム（IMS）において肝中の肝になる．そのため，本書を何度も読み返し，この規格で問われていることの本質的な意味を理解してほしい.

5.4　企業事例2：OKI が推進する "全員参加型のイノベーション"

5.4.1　会社概要

沖電気工業株式会社（以下，"OKI" という）は，東京都に本社を置く，2022 年度の売上げが 3 691 億円，従業員が単体で 4 740 人（グループ連結：14 452 人）の電機メーカーである．日本で初めて電話機を製造した通信機器メーカーとして 1881 年創業以来，140 年以上の歴史をもち，現在は通信機器，現金自動預け払い機（ATM）等の情報機器を主体としている．長年にわたって電話交換機の製造を行ってきた経緯から，いわゆる "電電ファミリー" と呼ばれる企業であり，NTT グループとの関係が強く，そのニーズに応えることが事業の中心であった．近年は，キーメッセージ "社会の大丈夫をつくっていく．" を掲げ，SDGs などの社会課題をお客様やパートナーとの共創によって解決する活動を，イノベーション・マネジメントシステム（以下，"IMS" という）を積極的に活用して推進している．

5.4.2　OKI のイノベーションへの取組みの全体像

OKI では "全員参加型のイノベーション" を方針に掲げ，図 5.5 に示す施策に取り組んでいる．まず，お客様が求める仕様に基づき開発する受注型であった企業文化を，お客様の課題を発見し，提案していく企業文化（これを "矢印革命" と呼んでいる）に転換，浸透を図るため，経営層と社員の直接対話やイノベーション責任者による情報発信・情報共有を積極的に実施．そのうえで，社員がイノベーション活動にチャレンジする実践機会を設けている．そのための社員教育，研修も各部門が自主的に人材育成目標を設定し，各自のレベルに応じて研修を受講し，起業のプロによるメンタリングなどの支援を受けられるようにしている．

　これらの活動を支えているのが，IMS であり，OKI は自社の IMS を "Yume Pro" として推進している．Yume Pro では，全社員がイノベーションに向けた行動を起こせるようにイノベーション基本方針を定め，規程やプロセスガイ

ドラインを定めている.

　全社でのイノベーション推進は,経営者である社長直下に全社の IMS 推進責任者として "イノベーション責任者" を設け,IMS 推進を行う専門事務局を置いている.また,各部門にも同様に部門イノベーション責任者を置き,各部門においても同様に IMS の推進を行っている(図 5.6 参照).

図 5.5　全員参加型のイノベーションに向けた施策

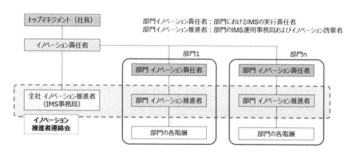

図 5.6　全社イノベーション推進体制

5.4.3　ISO 56002 における Yume Pro の位置付け

Yume Pro における各施策の位置付けを，ISO 56002 の全体像を表した図 5.7 を用いて示す．

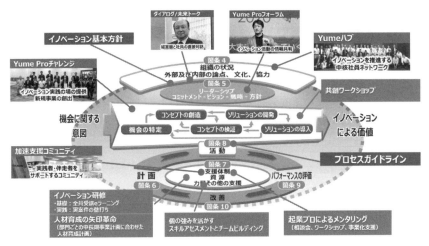

図 5.7　ISO 56002 における Yume Pro の位置付け

（1）"4 組織の状況""5 リーダーシップ"

"社会の大丈夫をつくっていく．"をキーメッセージとして"全員参加型のイノベーション"を推進しており，イノベーティブな企業文化改革を加速するために，経営層と社員の直接対話（"イノベーション・ダイアログ／未来トーク"）や情報共有の"Yume Pro フォーラム"，社員ネットワーク"Yume ハブ"を実施している．また，機会に関する意図として，中期経営計画に基づく"イノベーション戦略"を制定している．

（2）"6 計画"

イノベーション目標を各自の目標管理と連動させている．

（3）"7 支援体制"

支援体制においては，イノベーション教育を体系的に行い，イノベーション

人材のアセスメントを実施するなど人材育成の強化に努めている．また，イノベーションの実践者を支援する加速支援者コミュニティを形成し，ノウハウの共有化を図っている．

（4）"8 活動"

IMS に基づく Yume Pro プロセスを定義し，イノベーション・プロジェクトを管理するためのツールも導入している．また各個人が発想したイノベーション・アイデアをだれでも提案できる，ビジネスアイデアコンテスト "Yume Pro チャレンジ" を実施している．

（5）"9 パフォーマンス評価""10 改善"

イノベーションの実施状況を毎年年度末に役員へのレビューを実施し，適宜計画の見直しを実施している．

5.4.4　"7 支援体制" に関する取組みの紹介

（1）　人材育成

イノベーション人材の育成については，基礎教育と実践教育の体系を整備している．基礎教育は，全社員を対象にイノベーションの定義や共通的な考え方を学ぶ．2018 年から 2019 年は毎年 1 000 人規模を対象に集合教育（"千人研修" と呼んでいる）で実施したが，2020 年以降はコロナ禍であったため，オンラインでの研修に移行するとともに，最新情報を共有する目的で毎年受講するカリキュラムに変更した．2023 年度においては，現時点ですでに国内社員約 10 000 人が受講している．実践教育では，デザイン思考などのフレームワークに基づき，アイデアからコンセプトを構築，検証する活動を実践する．実践者には社内外の加速支援者がつき，目標とするゴールに向けて試行錯誤の活動を支援している（図 5.8 参照）．

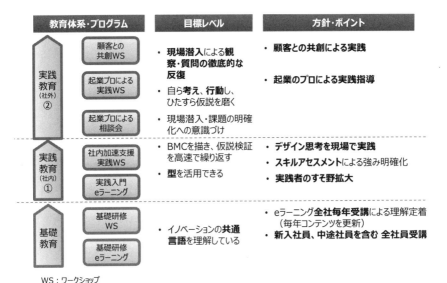

図 **5.8** イノベーション教育体系

(2)　**Yume Pro チャレンジ**

イノベーション教育で啓発された社員が新たなビジネスアイデアやプロセス・イノベーションのアイデアを発想し，だれでも応募できる全社規模のアイデアコンテストである．このコンテストは，社長・副社長を含めたトップマネジメントのコミットメント（箇条5）の下で毎年1回実施しており，上位受賞アイデアには，仮説検証費用として最大約1億円を投資し，事業化までを支援している（写真5.1参照）．

(3)　加速支援コミュニティ

イノベーション・プロジェクトを推進するために，発案者の活動を支え，仮説磨きの活動を加速支援する伴走者をアサインしている．伴走者同士はコミュニティを形成し，伴走のためのノウハウを共有し，プロジェクトでの課題解決を支援する（図5.9参照）．

写真 5.1　Yume Pro チャレンジ 2022，最終審査会の様子

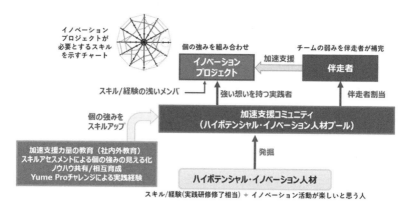

図 5.9　加速支援の仕組み

5.4.5 "8 活動" イノベーション活動に関する取組みの紹介

(1) OKI の IMS "Yume Pro" に基づく活動のための施策

イノベーション・ビジョン及び活動方針，ISO 56002 をベースにしたイノベーション・マネジメントのための規定，現場でイノベーション活動を行うためのプロセスガイドラインなどを策定し，全社に周知している（図5.10 参照）．

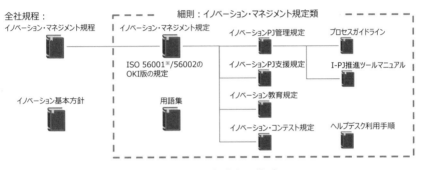

図 5.10　IMS 規定類の体系

(2) IMS と QMS の連携

OKI は，情報通信に関する製造業であるため，品質マネジメントシステム（QMS）を中心としたマネジメントシステムを構築し，その実行を徹底している．しかし，社会課題が複雑化する中では品質だけが強みとはなりえない．社会課題を先取りし，課題解決のコンセプトを自ら構築，検証していくことが必要である．そこで，図5.11 に示すように，IMS と QMS を連結させ，コンセプト構築プロセスで不確実性を下げたコンセプトをデザインプロセスのインプットにすることで，高速に仮説検証を進めながら，社会の要請に基づく品質で商品やサービスをお客様にお届けできるよう，マネジメントシステムを構築している．

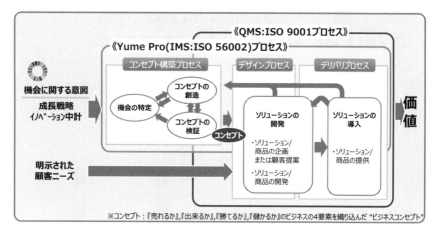

図 5.11　IMS と QMS の連結

（3）　I-PJ 推進ツールの活用

　イノベーションに関するプロジェクトを全社でマネジメントするためには，プロジェクトを一元管理するためのツールが必要である．それを"イノベーション・プロジェクト推進ツール（I-PJ 推進ツール）"と呼び，全社に展開している．このツールでは，各プロジェクトの進捗状況やイノベーション・プロセスの熟度などを可視化し，ポートフォリオマネジメントを可能としている．利用者は共通のフォーマットに基づいて，データ入力するだけで IMS に関する細かい規定などをその都度確認する必要はなく，ベテランも新人も同じようにツールを使うことができる（図 5.12 参照）．

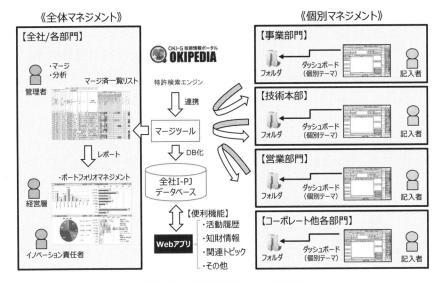

図5.12 I-PJ推進ツールの概要

5.4.6 Yume Proに基づく活動によって創出した新規事業事例（物流業界のイノベーション）

OKIは，長年にわたり，官公庁や金融機関のお客様のさまざまなシステムをつなぐことで，業務の効率化を提供してきた．今後の社会課題を考えたとき，物流業界における人手不足は深刻な課題である．いままでのような人海戦術ではなく，DX化によりITを活用，さまざまなシステムをつないでいくことで，サプライチェーンの全体最適化を実現できると考えている（図5.13参照）．

そこで，OKIは株式会社ロンコ・ジャパンと共創により，機会の特定のフェーズでは技術者を含め，実際の物流現場でさまざまな課題を棚卸することから始めた．そして，サプライチェーン上の末端である支線輸送の最適化からコンセプトの創造に取り組むこととした．支線輸送において配送計画の立案は，その後の燃料費などの配送コストを決定する重要なファクターである．中小企業が多い物流会社にとってコストとは，利益率改善はもちろん提案競争力を向上させる点でも大きな意味をもつ．物流の配送計画を立てる際には，荷物量，

図 5.13　OKI の目指す物流の世界

配送時間，車両数などの要件から配車し，配送ルートを決定する．いかに効率よく配送できるかについては，配車担当者（配車マン）の知識や経験などに依存するところが多かった．特に，ロンコ・ジャパンで行っていた複数の車両で荷物を分割して配送する手法（分割配送）は，効率的な配送を可能にするが，最適なルートに加え，最適な積載も要求される複雑な考え方であるため，配送計画の立案は一部の担当者しか実施できなかった．

　そこで，ロンコ・ジャパンと OKI は，AI 技術を活用し，最適なルートを算出するだけでなく，各車両に積載する荷物量の最適化を考慮したアルゴリズムの開発を行い，だれでも最適な配送計画を立案し，配送コストを削減できることを目指した．

　ロンコ・ジャパンと OKI との共創においては，綿密な打ち合わせとアルゴリズムの設計を行った後にシミュレーションを繰り返し，改良を行った．その後に実際の現場で PoC（Proof of Concept：概念実証）を行ったが当初は思ったとおりの効果が出ず，現場の配送担当者と何度も調整を行い，IMS のプロセスに基づいて実証実験を繰り返した．

写真 5.2 ロンコ・ジャパンとの PoC

その結果，分割配送計画を自動化するサービス "LocoMoses" を商品化し，2023 年度から本格運用することとなった．今後は，店舗配送というサプライチェーンの一部から上流工程輸送へと拡張し，物流業界全体の効率化につなげていく予定である（図 5.14 参照）．

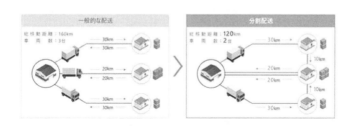

図 5.14 ロンコ・ジャパンと OKI の共創による
物流ソリューション "LocoMoses"

OKI は，このように IMS を全社に展開し，IMS に基づく試行錯誤のプロセス，"全員参加型のイノベーション" によって "社会の大丈夫をつくっていく." を実現していく．

第6章 イノベーション・マネジメントシステムを回す

6.1 この章の概要

第6章は"9 パフォーマンス評価"と"10 改善"で構成されており，イノベーション・マネジメントシステム（IMS）全体をどのように PDCA で回していくかについて説明している．箇条9と箇条10があることによって，システム（IMS）の PDCA が回る．そのことを示したのが図6.1である．同図に示すように，イノベーション活動が成果に結び付いたかどうかというアウトプット評価だけでなく，計画（Plan）や実行（Do）についても評価の対象になる．トップマネジメントが関与する戦略や計画そのものを評価するセオリー評価や，現場のイノベーション活動における活動の内容を評価するプロセス評価も重要となる．

本書の第3章で説明したイノベーション・マネジメントシステム（IMS）の原理原則の一つであるシステムアプローチを思い出してほしい．システムを構成する要素は，相互依存的で動的な関係であるため，ある要素が変わると他の要素に影響を与える．システム（IMS）全体の PDCA サイクルを俯瞰して，ボトルネックとなるところに改善策を打ち，その結果がどのような結果になるのか，要素の相互関係性を確認しながら，次に打つ手を検討していくことが重要となる．

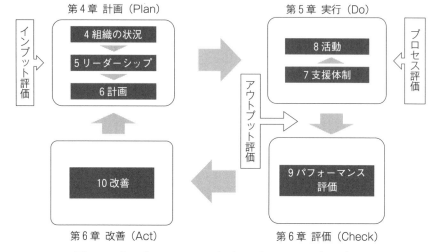

図6.1　イノベーション・マネジメントシステム（IMS）の
PDCAサイクル

6.2　"9 パフォーマンス評価"

6.2.1　"9 パフォーマンス評価"の解説

"9 パフォーマンス評価"では，イノベーションのパフォーマンス指標を確立することが求められ，イノベーション・マネジメントシステム（IMS）及びその構成要素をモニタリングし，測定し，分析及び評価し，内部監査を通してレビューすることが推奨されている．

箇条9の構成要素は，次のとおりである．

---

9 パフォーマンス評価
　9.1 モニタリング，測定，分析及び評価
　　9.1.1 概論
　　9.1.2 分析及び評価
　9.2 内部監査
　9.3 マネジメントレビュー
　　9.3.1 概論

9.3.2 マネジメントレビューへのインプット
9.3.3 マネジメントレビューからのアウトプット

　まず，パフォーマンス評価とは，個別のイノベーション・プロジェクトのパフォーマンス評価だけでなく，イノベーション・マネジメントシステム（IMS）全体のパフォーマンス，システムの有効性や効率性を定期的にレビューし，評価することを含む．

　ここでは，何をどのようにレビューするかについて，評価項目と評価軸の設定が重要である．評価項目と評価軸というのは，正解があるわけではない．それぞれの組織の状況や，イノベーション戦略に基づく優先事項等をもとに設定するのである．

　また，イノベーション・マネジメントシステム（IMS）はマネジメントシステムであるため，一朝一夕には完成しない．設計と運用の状況，そして成熟度がどのようになっているのか，組織が定めた評価軸に沿って，定期的なレビューを行う．

　そして，イノベーション・マネジメントシステム（IMS）がどれだけ有効に機能しているか，あるいはしていないのか，さらにどれほど成熟してきたのかを定期的に測定する．これは，イノベーション・マネジメントシステム（IMS）だけで特別に行われるわけではなく，品質マネジメントシステム（QMS）のように他のマネジメントシステムを導入していれば，当然のように定期的にレビューが必要となる．イノベーション・マネジメントシステム（IMS）においても，定期的に内部・外部，双方の視点でレビューし，改善し続けることが重要なのである．

　箇条9のパフォーマンス評価で特に大切なのは，次の四つのポイントである．

6.2.2 "9 パフォーマンス評価"のポイント

"9 パフォーマンス評価"のポイント

1. イノベーションのパフォーマンス指標には，インプット，プロセス，アウトプットの指標がバランスよく含まれているか．

2. イノベーションのパフォーマンスをさらに改善する強い意欲がどの程度あるか．

3. 内部監査を通して，改善が求められる領域を明らかにし，その結果をトップマネジメントに報告しているか．

4. トップマネジメントがイノベーション・マネジメントシステム（IMS）を定期的にレビューすることの重要性を理解しているか．

それぞれ具体的にみていこう．

> **ポイント1：**
> **イノベーションのパフォーマンス指標には，インプット，プロセス，アウトプットの指標がバランスよく含まれているか．**

ここでいうパフォーマンス指標とは，いわゆるKPI（Key Performance Indicator：重要業績評価指標）のことであるが，箇条8で説明した，単にイノベーション活動だけを対象とするのではない．

イノベーション・マネジメントシステム（IMS）全体，あるいはポートフォリオ全体，そしてプロジェクトのレベルなど，さまざまなレイヤーによって別々に測られるものと考えてよい．各々のレイヤーで何を評価・レビューするかは異なるが，基本的にシステムであるため，このシステムには，インプットがあり，プロセスがあり，そしてアウトプットが生まれるわけである．

システムとしてそれぞれをとらえる指標がどのようにうまく設定されているか，これが重要な点となる．したがって，アウトプットだけを見るのではなく，

その過程の中で，システムがどのように動いているかをうまくとらえるようなパフォーマンスの指標をもつ必要があるということである．

インプット，プロセス，アウトプットを総合的に判断し，正しいレビュー，そして改善につなげていくことが必要となる．

ポイント1に関連する規格本文を次に示す（一部抜粋）．

9.1.1.2 一連のイノベーションのパフォーマンス指標（定量的又は定性的）は，次の指標間のバランスを含めて考慮される可能性がある．

a) インプットに関連する指標（例えば，アイデアの数，イノベーションの取組みの数，アイデアが価値を創出する潜在性，新たな知識源，新たな知見，経営資源及び力量）

b) 単位時間当たりの処理量に関連する指標（例えば，実験，学習及び開発の速度，参画している又はトレーニングを受けた従業員，管理者又は利用者の人数又は割合，協働及び関係の有効性，採用された新たなツール及び方法，利益獲得までの時間，製品化までの時間，イノベーション活動への取組度及びブランド認知）

c) アウトプットに関連する指標（例えば，実施されたアイデアの数又は割合，イノベーション投資の見返り，収益及び利益の成長率，市場シェア，使いやすさ，利用者の採用速度，利用者の満足度及びイノベーションの普及率，組織の刷新及び変革，社会及び持続可能性に関する便益，コスト節減，学習普及率，知的財産，新たな利用者及びイメージ）

イノベーションのパフォーマンス指標は，システム全体，ポートフォリオ又は個々の活動レベルで適用されることが可能であり，また，適切に評価され改善されることが可能である．

ポイント2：
イノベーションのパフォーマンスをさらに改善する強い意欲がどの程度
あるか.

　強い意欲という言葉は，この規格では"ambition"と表現されている.
JIS Q 56002では"強い意欲"と訳されているが，これはパフォーマンスの
改善にどれだけの想いをもっているかということである.

　これまでの戦略や企業の経営計画の中に，このような人間的な非常に主観性
の強い言葉が使われることはあまりなかったのではないかと推測する.

　ここで今一度，イノベーション・マネジメントシステム（IMS）の原理原則
を思い起こしてほしい．価値を実現するというイノベーション・マネジメント
システム（IMS）には，単に計画的な方法だけでは達成できない．そこには強
い気持ちや想いが求められるということになる.

　イノベーション活動というのは，難しい試行錯誤の連続であり，多くの困難
にもぶつかる．活動をやめる理由や，活動を途中でやめる言い訳はいくらでも
考え得る．イノベーション活動を行う人は，極論すると，"こういった活動が
楽しい"とか，"強い思いをもって活動に取り組んでいる"．それがここでいう，
ambition，強い意欲ということにつながるのである．イノベーション・マネ
ジメントシステム（IMS）の活動を続けようと思うには，実際のプロジェクト
推進者だけではなく，組織側にも強い意欲や大きな志が必要とされるというこ
とを理解してほしい.

　ポイント2に関連する規格本文を次に示す（一部抜粋）.

9.1.2　分析及び評価
9.1.2.1　組織は，イノベーションのパフォーマンス，並びにイノベー
ション・マネジメントシステムの有効性及び効率性を分析し，評価する
ことが望ましい.

　分析及び評価の頻度，並びに使用されるツール及び方法は，組織の状

況，及びイノベーションのパフォーマンスを更に改善するという強い意
欲によって異なる可能性がある．

ポイント 3 :
**内部監査を通して，改善が求められる領域を明らかにし，その結果をト
ップマネジメントに報告しているか．**

　監査というと，非常に固い言葉に聞こえるが，これはパフォーマンスの評価
ということも含めて，イノベーション・マネジメントシステム（IMS）をどの
ように成熟させていくか，育てていくかという監査のことである．厳しく取り
締まるのではなく，いかにより良いシステムをつくっていくか，いわばシェフ
がスープの味見をするような，そのようなチェックだと考えるとよいであろう．
　その際に，システム（IMS）の成熟に向けた課題を浮き彫りにするような内
部監査が推奨されている．
　そのためには，内部監査ができるプロフェッショナル，あるいはエキスパー
トの育成も必要になる．その観点では，システムに対しての理解が深い内部監
査員の育成も必須となる．
　また，そういった内部監査の報告をトップマネジメントにきちんとあげるこ
とが必要なのである．トップマネジメントが報告をしっかりと受け止め，次の
改善に活かすことも必須であろう．
　ポイント 3 に関連する規格本文を次に示す（一部抜粋）．

9.2.1　組織は，イノベーション・マネジメントシステムが，次に示す
各種状況に関する情報を提供するために，計画を立て，定期的に内部監
査を実施することが望ましい．
a）次の事項に適合している．
　1）組織自身によるイノベーション・マネジメントシステムに関する

要求事項

9.2.2 組織は，次に示す事項を行うことが望ましい．

d）監査の結果を関連する経営層に確実に報告する．

ポイント4：
トップマネジメントがイノベーション・マネジメントシステム（IMS）を定期的にレビューすることの重要性を理解しているか．

イノベーション・マネジメントシステム（IMS）とは，試行錯誤を奨励する経営システムであり，さまざまな構成要素が相互に関連しながらダイナミックに動いている．したがって，システムを定期的にレビューするということは，とても大事になる．

前提になるのは，経営のトップ個人だけでなく，経営層，トップマネジメントの全体がシステム（IMS）に関心をもっているということである．

トップマネジメントが状況を知らされずに，あるいは活動内容を知らずに，システム（IMS）が成熟していくということはあり得ない．トップマネジメントにもシステム（IMS）の成熟に対する関心と熱意を求める．そして当然のことだが，現場も熱意と覚悟をもって活動する必要があり，現場から経営に耳の痛い情報・不都合な真実も含めて伝えることが重要である．そういった意味ではトップマネジメントと現場の双方のコミットメントがベースとなり，このシステム（IMS）のレビューがようやく可能になるのである．

そして，これを定期的に行い，現場とトップマネジメントが一緒になって，レビューし，改善していく．イノベーションの実現とそのためのシステム（IMS）構築をトップマネジメントが自分事としてとらえていく．ここを実現できれば，イノベーション・マネジメントシステム（IMS）は自ずと成熟していくのである．

ポイント4に関連する規格本文を次に示す（一部抜粋）.

9.3 マネジメントレビュー

9.3.1 概論

トップマネジメントは，イノベーション・マネジメントシステムが，継続的に，適切に，十分に有効性及び効率性をもって運営されていることを担保するために，計画を立て定期的にレビューすることが望ましい.

マネジメントレビューは，一定期間にわたって実施され，部分的，又は全体的（全ての要素について）に，イノベーション・マネジメントシステムの全ての要素をカバーする可能性がある．これらのレビューの実施の深さ及び頻度は，状況及び組織に応じて変更することが可能である.

6.3　"10 改善"

6.3.1　"10 改善"の解説

"10 改善"は"9 パフォーマンス評価"での結果を踏まえて，イノベーション・マネジメントシステム（IMS）全体の改善を実行するという極めて簡潔だが，イノベーション・マネジメントシステム（IMS）の成熟という観点では非常に重要な項目である．

箇条 10 の構成要素は，次のとおりである．

---

10 改善
　10.1 概論
　10.2 逸脱，不適合及び是正処置
　10.3 継続的改善

6.3.2　"10 改善"のポイント

"10 改善"のポイント

1. イノベーション・マネジメントシステム（IMS）の強み，弱みを明確にしたうえで，強みはさらに向上させ，弱みは改善しているか．
2. 逸脱・不適合に対して，是正処置をとっているか．
3. 成熟度を継続的に高める改善のループを確立しているか．

それぞれ具体的にみていこう．

ポイント 1：
イノベーション・マネジメントシステム（IMS）の強み，弱みを明確にしたうえで，強みはさらに向上させ，弱みは改善しているか．

"9 パフォーマンス評価"の結果を踏まえて，組織全体のイノベーション・

マネジメントシステム（IMS）全体の強み・弱みをあらためて明確にする必要がある．そのうえで，強みはさらに強化するために改善し，弱みはどうすればギャップが埋められるのかを考慮したうえで，改善に向けた対処を行う．

ポイント1に関連する規格本文を次に示す．

10.1　概論

組織は，パフォーマンス評価の結果を考慮した上で，改善の機会を明確にし選択する．そして，イノベーション・マネジメントシステムに必要な取組み及び変更を実施することが望ましい．

組織は，次の取組み及び変更を考慮することが望ましい．

a) 強みを維持又は強化する．

b) 弱み及びギャップに対処する．

c) 逸脱及び不適合を修正，防止又は削減する．

組織は，適時，確実に，また完全に，有効なやり方で上記取組み及び変更を実施することが望ましい．

組織は，学習及び改善を促進するために，取組み及び変更を組織内及びその他の密接に関連する利害関係者に伝達することが望ましい．

逸脱は，特定されたギャップ，望ましくない影響，又は期待されるパフォーマンスとの差異として説明される可能性がある．一方，不適合とは，要求事項を満たしていないことである．

ポイント2：
逸脱・不適合に対して，是正処置をとっているか．

"9 パフォーマンス評価"での結果を考慮して，逸脱・不適合があれば，それに対して，是正処置を行ったうえで，逸脱・不適合により起こった結果に対して対処する．また，なぜそのような逸脱・不適合が起こったのかを分析し，根本原因を明確にしたうえで，今後同じような事象が発生するリスクを下げる

必要がある.

　ポイント2に関連する規格本文を次に示す.

10.2　逸脱，不適合及び是正処置

10.2.1　逸脱又は不適合が発生した場合，組織は，次の事項を行うことが望ましい.

a) その逸脱又は不適合に対処し，該当する場合には，必ず，次の事項を行う.

　1) その逸脱又は不適合を管理し，修正するための処置をとる.

　2) その逸脱又は不適合によって起こった結果に対処する.

b) その逸脱又は不適合が再発又は他のところで発生しないようにするため，次の事項によって，その逸脱又は不適合の原因を除去するための処置をとる必要性を評価する.

　1) その逸脱又は不適合をレビューし，分析する.

　2) その逸脱又は不適合の根本原因を明確にする.

　3) 類似の逸脱若しくは不適合の有無，又はそれらが発生する可能性を明確にする.

c) あらゆる必要な処置を実施する.

d) 実施された全ての是正処置の有効性をレビューする.

e) 必要に応じ，計画の策定段階で明確になった機会及びリスクを更新する.

f) 必要に応じ，イノベーション・マネジメントシステムを変更する.

　是正処置は，検出された逸脱及び不適合のもつ影響に応じたものであることが望ましい.

ポイント3：

成熟度を継続的に高める改善のループを確立しているか．

　イノベーション・マネジメントシステム（IMS）全体への継続的な改善を通して，成熟度を上げていくということである．繰り返しになるが，イノベーション活動を改善するのではなく，イノベーション活動の改善がさらにうまくいくように，"システムを改善していく"ということである．システム（IMS）の成熟度を上げ，さらなる高みを目指して，改善し続ける．システム（IMS）の改善・成熟の活動は，"終わりなき旅"であるということである．

　ポイント3に関連する規格本文を次に示す．

10.3　継続的改善

　組織は，イノベーション・マネジメントシステムの適切性，妥当性，有効性及び効率性を継続的に改善することが望ましい．

6.4　企業事例3：モットマクドナルド社のイノベーション・マネジメントシステム導入と成果

6.4.1　会社概要

モットマクドナルド（Mott MacDonald）社は，英国に本社を置くエンジニアリング，マネジメント，開発を中心に行うグローバル企業で，世界140か国にわたって事業を展開し，50か国に160か所のオフィス，約18 000人のスタッフを抱えている．売上高は25億ドルを誇り，150年以上の歴史がある建設エンジニアリング企業である．

6.4.2　イノベーション・マネジメントシステム導入の背景

モットマクドナルド社は，クライアント及び世界中の人々に対して，素晴らしい社会的成果をもたらすという目的（パーパス：存在意義）を大切にしており，サーキュラーエコノミー（循環型経済）の実現に取り組んでいる（図6.2参照）．

サーキュラーエコノミーの実現には，システム思考とデザイン思考の両方を組み合わせ，課題解決に向けた対応策をライフサイクルに組み込んで考える必要がある．そのためには，モデルやデータによる情報を，図表を用いて視覚化させることが肝要である．そこでは，人間と機械，私たち自身とコンピューターとのつながりが非常に重要となる．このような理由から，モットマクドナルド社は，世界中のすべてのプロジェクトで，BIM[18]を活用することに積極的に取り組んでいる．

BIMは，グラフィックとして情報を管理し，ビル・建築物周辺の新しい資産を設計，設置，運用するために必要な情報を見るために欠かせないものであり，クライアントにプロジェクトの価値・成果を提供するために不可欠な

---

[18]　BIMとは "Building（建築物を）Information（情報で）Modeling（形成する）" の略で，建築物をコンピューター上の3D空間で構築し，企画・設計・施工・維持管理に関する情報を一元化して活用する手法をいう．

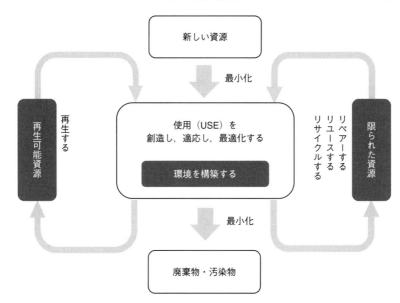

図 6.2 モットマクドナルド社が描くサーキュラーエコノミー
（出典：モットマクドナルド社提供資料，翻訳は筆者による．）

ツールとなる．モットマクドナルド社は 2019 年に BSI（英国規格協会）から，BIM の国際規格である ISO 19650（BIM を使用する情報マネジメントの概念及び原則に関する規格）に従い，BIM の成熟度レベル 3 の認証を得ている（図 6.3 参照）．

英国には BIM の成熟度レベルが制定されており，レベル 3 は統合された BIM を核としたウェブサービスとして活用され，その中にはライフサイクル・マネジメントも含まれている．ライフサイクル・マネジメントはプロジェクトの初期段階から完成，そして維持・管理から解体・再生までのライフサイクル全般をマネジメントすることであり，サーキュラーエコノミーの実現にも欠かせないものである．

ただ，BIM はツールであり，このツールを活用して新たな価値を創造・実現していくには，既存の経営システムそのものの変革も必要であると認識しており，モットマクドナルド社は，既存の優れたオペレーションを維持しながら

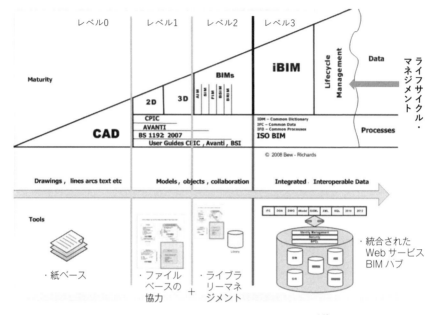

図 6.3　英国における BIM の成熟度レベル[19]
（図中の翻訳は筆者による．）

　も，BIM のような新しいツールの導入を促進し，イノベーションを専門とする部門（イノベーション担当部門）を設置し，独自のイノベーション・マネジメントシステム（以下，"IMS" という）の確立に着手している．

　モットマクドナルド社は，2020 年より，自社のイノベーションを促進するためのみならず，業界全体の指針ともなる IMS の導入による変革に乗り出した．ISO 56002 をもとにした IMS の導入を始めたのである．急速に進化する今日のビジネス環境において，イノベーションを興す能力は，組織の成功を決定付ける要素となっている．変化を受け入れ，創造性を育み，イノベーションを継続させる環境を育成することは，成長を促進し，長期的な存続を保証する

---

[19]　出典："Strategy Paper for the Government Construction Client Group From the BIM Industry Working Group – March 2011"，

https://www.cdbb.cam.ac.uk/system/files/documents/BISBIMstrategyReport.pdf

重要な要素であると考えたからである.

IMS を導入することで,モットマクドナルド社はイノベーティブなアイデアを生み出すだけでなく,イノベーション自体を効果的に実現することを目指した.そのためには,イノベーションを散発的なものとしてとらえるのではなく,体系的で繰り返し,実施していくことが可能なプロセスとして扱うように変化させる必要があった.目標は,IMS が組織の文化に根付き,戦略や手順の中にイノベーションが組み込まれ,それがアイデンティティ,リーダーシップ,業務の不可欠な一部となるようにすることであった.

6.4.3 イノベーション・マネジメントシステム導入のプロセス

2019 年より活動を始めて,現在 5 年目に入るが,軌道に乗るまでに数年を要した.IMS の導入は "走行中の車のタイヤを変えること" のようなものであり,非常に慎重に進める必要があった.すでに社内にある既存のシステムを活用しながら,体系的な方法で,方針や手順,戦略,ワークフローを備えたビジネスシステムの一部として,新しいマネジメントシステムを導入するというアプローチをとったのである.

モットマクドナルド社は売上高 25 億ドル,従業員数 18 000 人の規模の大きな組織であり,一つの会社に一つだけの IMS という戦略を取るべきではないと考え,最初にグループ全体としての包括的な戦略を作成し,その後,各事業部門がそれぞれの環境・文脈に合わせて,主要戦略を採用するよう促した.グループとして,ISO 56000 シリーズ規格に基づいたイノベーション戦略を最初に作成し,この全社的なグループ戦略に則り,各事業部は具体的な事業部門の戦略計画(モットマクドナルド社では "イノベーションプラン" と呼んでいる)を策定し,3 年又は 5 年の中期事業計画にもつなげるように奨励したのである.それぞれが独立したシステムとしてではなく,完全に統合されたシステムとしてとらえ,今日,モットマクドナルド社には,非常に明確なイノベーション方針,全社的なイノベーション戦略,そして 17 のイノベーションプランがある.

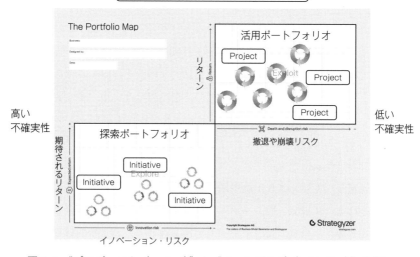

イノベーション担当部門は，そのシステムのメリットをうまく伝えること
ができるよう，多くの時間をコミュニケーションに費やした．そして，よい
事例を共有しながら，少しずつ支持・賛同を得ることに成功したのである．ま
た，用語の定義にかなりの時間を割いて議論した．例えば，"プロジェクト
（project）"と"イニシアチブ（initiative）"を区別した．プロジェクトは始ま
りと終わりがある，非常に明確なスコープとして定義される．一方，試行錯誤
が必要なイノベーションは，明確に始まりと終わりがあるわけではない．その
点からも，試行錯誤が求められるイノベーション活動には，イニシアチブとい
う言葉を使っているのである．イノベーション・プロジェクトではなく，イノ
ベーション・イニシアチブと呼ぶことで，自分たちが扱っているものに対する
意識が変わり，不確実性を受け入れることができるようになった．図 6.4 に示
すように，言葉の違いから，不確実性の違いを意識できるかどうかはとても大
切である．このように，一つひとつの言葉の意味について考え，共通言語をも

図 6.4　"プロジェクト（project）"と"イニシアチブ（initiative）"の違い
（Strategyzer AG のポートフォリオ・マップを使って筆者が作成）

つことは，IMS の推進には不可欠なものである．

6.4.4　イノベーション・マネジメントシステム導入のポイント

IMS の導入にあたっては，かなり綿密な計画を立て，多くの人々の参加が重要視された．IMS 導入の目標達成のためには，明確なロードマップ，上層部によるコミットメント，既存のビジネスプランとプロセスの整合性の維持，そして組織のあらゆる階層の人々の参画が求められるからである．

特に，IMS の成果を実現するためには，多様性と包括性の基盤の上に IMS が構築されなければならないと認識していた．さまざまな経歴，専門分野をもつさまざまな階層のスタッフを参加させることで，IMS の設計が全スタッフの共感を得られるように細心の注意を払った．その際，年齢，性別，国の文化など，いくつかの属性に注意を払い，自社とその社員を代表するような多様な視点を入れることを目指した．多様性によって，革新的なアイデアが多角的な視点から徹底的に検討され，強固な解決策につながると考えたからである．

さらに，IMS 導入の最初からあらゆる段階でスタッフを巻き込むこととした．調査，ワークショップ，ブレーンストーミング・セッション，フィードバック・ループを活用し，スタッフの当事者意識を育んだ．この参加型アプローチは，革新的なアイデアを次々と生み出すだけでなく，IMS の成功に対する責任の共有も育んだ．スタッフが主体的に貢献できるようになり，IMS が進化するニーズへの適応力と対応力を維持できるようになった．"My IMS" や"Their IMS" ではなく "Our IMS" という観点をもってもらえるように巻き込むことが重要である．そうすることで，自分事として自ら考え，行動し，どうすればよりよくなるかを考えてくれるということである．

最後に重要な点は，トップマネジメントの賛同を得ることであった．実際，IMS の価値提案と自社のビジョンや既存の事業計画との整合性について，経営陣を説得することは不可欠であった．さらに，モットマクドナルド社は ISO 9001 や ISO 14001 などの国際規格に基づく ISO マネジメントシステムや，BIM などの枠組みをすでに導入していることを考慮すると，IMS が不

要な追加費用をもたらすことなく付加価値をもたらし，自社の円滑で効率的な運営に支障を来たすことのないように，既存のシステムや手順と統合できることを示す必要があった．モットマクドナルド社の経営陣も，彼らのコミットメントが組織全体の礎となることを認識していた．トップマネジメントが目に見える形でコミットすることで，さまざまな階層のスタッフが IMS の戦略的重要性を理解し，モットマクドナルド社初の IMS 導入への意欲と気運が高まったのである．

6.4.5　イノベーション・マネジメントシステムの運用のポイント

モットマクドナルド社が IMS を実際に運用していく中で，IMS の有効性にとって不可欠な要素がいくつかあった．

第1に，モットマクドナルド社は，IMS を運用するうえでデジタル技術を取り入れることを重視していた．IMS 運用における最も重要な要因は，組織全体で単一のデジタル・プラットフォーム確立し，それぞれのイノベーションの"イニシアチブ"を統合することであった．プロジェクト管理からデータ分析フレームワークまで，さまざまなデジタルツールの導入を通じて，リアルタイムの情報交換，コミュニケーションの合理化，プロジェクトモニタリングの強化等を実現した．

このデジタルへのシフトは，意思決定プロセスを迅速化するだけでなく，部門を超えた協働・共創を通じた知識の共有を促進することで，イノベーションを助長する環境を醸成している．

第2に，ナレッジマネジメントを活用した．多様なプロジェクトやチームにまたがる知識の蓄積と共有や普及は，IMS の機能を向上させるために不可欠である．モットマクドナルド社は，過去の取組みから学んだ教訓，ベストプラクティス，革新的なソリューションを収集することが重要だと認識している．社内のさまざまな見地からの洞察や経験を一元管理することで，社員の知恵を結集して IMS を有機的に進化させている．このアプローチは，IMS の適応性を強化するだけでなく，あらゆる階層のスタッフが情報に基づいた意思決定を

行えるようにし，プロジェクト成果の全体的な質を向上させている．

　第3に，既存事業の活動と将来に向けた活動のバランスをとるため，縦軸にテクノロジーの新規性，横軸にビジネスモデルの新規性を示す"三つのホライゾンアプローチ（三つの水平的なアプローチ）"という枠組みを活用した（図6.5参照）．この戦略モデルによって，イノベーションのイニシアチブを時間軸に基づいて，分類・管理することが可能になった．

　ホライゾン1は"今日のソリューション"を指し，既存プロセスの漸進的改善につながるイノベーションを包含する．ホライゾン2は，"明日のソリューション"を指し，大幅な成長をもたらす可能性のある新たな機会に焦点を当てる．ホライゾン3は，"未来のソリューション"を指し，自社の将来の展望を再定義し得るという，より急進的で破壊的なアイデアを包含している．

　三つのホライゾンアプローチにより，イノベーションへの取組みがバランスの取れたポートフォリオとなり，特定の分野に過剰投資するリスクを最小限に抑えることができる．このアプローチは，構造化された枠組みを提供するだけ

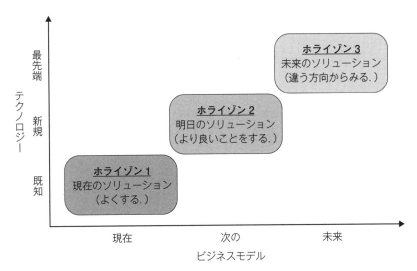

図6.5　三つのホライゾンアプローチ
（出典：モットマクドナルド社提供資料，翻訳は筆者による．）

でなく，多角的な考え方を奨励し，日常業務と漸進的イノベーション，革新的イノベーションが調和して共存する文化を育む．

　最後に，"システムが十分に優れていれば，人材は集まる"と考え，強制力のないアプローチを採用することにした．新システムの利用をスタッフに強制するのではなく，むしろそのメリットをスタッフ自身に実感してもらうようにしたのである．実際，しばらくすると，社員は，このシステムを通したプロジェクトは成功する可能性が上がり，さらに資金援助などの社内支援を受けられることに気付き，その価値を確信し，このシステムに自ら参加するようになった．また，モットマクドナルド社も他社と同様に，"失敗を共有したがらないチームメンバーの存在"という課題に直面した．これに対処するため，失敗を単に失敗とせずに，"成長の機会"や"これまでになかった新たな機会"とみなされるような，心理的に安心できる環境を醸成した．

6.4.6　イノベーション・マネジメントシステムのさらなる成熟に向けて

　IMSが導入され，運用フェーズに移行すると，モットマクドナルド社には多くのメリットがもたらされた．イノベーションを推進するだけでなく，プロジェクトの進捗状況やリソース配分の可視化によって透明性も高まった．一元化されたプラットフォームはリアルタイムのモニタリングを容易にし，経営陣は情報に基づいた迅速な意思決定を行うことができるようになった．

　さらに，IMSは部門を超えた協働のためのプラットフォームとしても利用された．異なる部門のチームが，洞察，専門知識，資源を共有し，相乗的な成果を生み出す例も出てくるようになった．このような環境は，イノベーション活動の質を高めるだけでなく，知識の共有と継続的な学習の文化を育むことにも寄与した．また，部門を超えた協働により，多様な視点が集結して包括的に課題に取り組むため，問題解決の速度を加速した．IMSの効果は，このように組織の壁を超えて広がっていくこととなった．

　2021年，モットマクドナルド社は，ISO 56002に沿ったIMSを導入したとしてBSI（英国規格協会）から認証を受けた最初の企業群の一つとなり，

"BSI Kitemark for Innovation Excellence" を授与された．これは対外的な成果の証であるだけでなく，社内における今後の進展のきっかけにもなっている．

対外的には，Kitemark の認定により，イノベーションに対するモットマクドナルド社のコミットメントが強化され，自社の提供する IMS コンサルティングの競争力が高まった．また，モットマクドナルド社の IMS が厳格な基準とベストプラクティス（優れた慣習）を順守していることを，クライアント，パートナー，その他の利害関係者に示すことができた．この認定は，実際に新たな機会への扉を開き，組織の成長軌道をさらに加速させている．

社内的には，この認証は組織の総力を結集した証であり，IMS 導入に向けた献身的な取組みが実質的な成果をもたらしたことを確認するものであった．この功績は，自社の能力に対する自信を強めるだけでなく，卓越したイノベーション・マネジメントに向けた絶え間ない努力に対する具体的な成果としてもとらえることができる．

さらに，Kitemark 認定を活用することで，IMS のさらなる成熟に向けて多くの直接的なメリットと恩恵がもたらされた．中でも，包括的なガイドラインと継続的なシステム強化のためのチェックリストは，特筆すべきものだった．これらの実行可能な資料は，担当チームにとって有益なものであり，実際にこれらを活用し，毎年行われる IMS の戦略的更新活動に組み込んでいる．

モットマクドナルド社は，IMS が成熟するにつれ，他の既存システム（品質マネジメントシステム，プロジェクトマネジメントシステム等）との統合も推進した．統合の目的は，会社全体としての経営目標達成を推進する "社内の統合エコシステムの構築" であった．この統合は，個別最適を排除し，あらゆる情報が部門を超えてスムーズに流れ，イノベーション活動と既存のオペレーション・自社運営のすべてのパフォーマンスを向上させることを目指している．

このような努力の一例として，IMS の監査・レビューを，品質マネジメントをはじめとする既存の監査・レビュープログラムと完全に統合した．実際には，既存のプログラムの上に IMS 監査構造を構築し，品質マネジメントとイ

ノベーション・マネジメントが整合し，相互に補強し合うように，追加のレイヤー・階層を加える形で改良した．そうすることで，異なるマネジメントシステムや専門分野がどのような違いがあり，また，それらがどのように共存し，互いを補完することができるのかについて，深い理解を得ることができた．

　IMS の最終的な成功の評価指標は，冒頭に示したサーキュラーエコノミーの実現など，有意義な社会的成果を推進する能力にあると認識している．IMS を最適化することで，社会的課題に取り組むプロジェクトにイノベーションを振り向けることを目指している．より大きな目的を達成するため，スタッフのモチベーションを高めるだけでなく，責任ある企業市民としての地位の確立を目指していきたいと考えている．

第7章　組織にイノベーション文化を根付かせる
―三つの企業事例を振り返って

　本書で，ISO 56002 を活用してイノベーション・マネジメントシステム（IMS）を構築している三つの企業事例を取り上げている．第4章では電子部品メーカーである KOA 株式会社（以下，"KOA" という），第5章では，通信機器メーカーである沖電気工業株式会社（以下，"OKI" という），そして第6章では建設エンジニアリング会社である，英国のモットマクドナルド社の事例を紹介した．それぞれ異なる業界ではあるが，それぞれの企業において，イノベーション・マネジメントシステム（IMS）が採用され，イノベーション専門又はシステムの担当部門が設置され，担当部門がシステムを牽引している．従来の組織にはなかった部門であり，その存在なしにはイノベーション・マネジメントシステム（IMS）の推進は，難しかったであろう．

　第7章では，これら三つの企業事例を振り返って本書を締めくくる．イノベーション・マネジメントシステム（IMS）担当部門の担当者は，イノベーションを継続的に興すことができる企業を目指し，システムを導入し，実践したアーリーアダプター（初期採用者）である．担当者自身がイノベーターとして試行錯誤しながら，システムの成熟を目指している．なぜイノベーション・マネジメントシステム（IMS）を採用し，どのように活用し，どのような効果・効用が得られたのかをまず整理をする．

　さらに，イノベーション担当部門にいる人材についても，触れておきたい．担当者たちのように，組織にイノベーション文化を根付かせるために重要な役割を演じる人材は，IMP（イノベーション・マネジメント・プロフェッショナル）人材と呼ばれる．イノベーション先進国であるスウェーデンでは，プロフェッショナルな資格として IMP の認証が始まっており，すでに IMP 人材を採用する組織が現れ始めている．

日本においても，イノベーションを推進する組織ではイノベーション担当部門が設置され，IMP 人材の教育が求められている．IMP 人材が求められる背景と役割を整理した後，先行するスウェーデンにおける IMP 教育プログラムについても紹介する．

7.1　企業は，なぜイノベーション・マネジメントシステムを採用したのか

イノベーション・マネジメントシステム（IMS）の導入とは，イノベーションを興すシステム構築の一歩であり，"イノベーションを継続的に興す" という目的達成のためのスタート地点に立ったに過ぎない．右肩上がりの時代に効率性を追求した，強固なシステムを構築してきた組織ほど，システムの導入そのものが目的になってしまうことがある．官僚的に上からイノベーションを要求してもイノベーションにはつながらない．導入されたシステムを活用して，新しいことにチャレンジするイノベーターがいてイノベーションが始まるのである．計画どおり決められたことをきっちりやれば結果につながる．品質マネジメントシステム（QMS）との違いは，ここにある．

KOA は，1987 年からトヨタ生産方式を導入し，改善提案活動を通じて徹底した無駄の排除を推進し，2001 年からは品質マネジメントシステム（QMS）を導入し，高品質・高信頼の抵抗器を中心とした電子部品を供給している．

さらに，2010 年から高付加価値な差別化商品・新しいビジネスの創出を目的とした，新しい全社経営改善活動を開始している．2008 年のリーマンショックにより，売上げ・利益の落込みを経験し，新しい事業創造を可能にする活動が求められたからである．これは，機器メーカーに電子部品を納入する B to B ビジネスを専業とする同社にとっては，大きな変革を求められる．顧客からの要求が明確な B to B ビジネスとは異なり，まだ需要が見えていない顧客向けに新しいビジネスを創出するためのマネジメントシステムは，全く違うからである．

同社は新しい "価値創造" を全社的な活動として数年の試行錯誤を繰り返し

たが，品質マネジメントシステム（QMS）と同じような，ボトムアップでの全社的な活動にはなかなか至らない．また，一方で技術部に新規事業部を創設し，社長直轄で新規事業を推進しながら，他方では新事業を創出する仕組みをつくり，新事業のフローを提案したりして，全社的に価値創造を推進する方法を模索していた．そのような状況のとき，新しい価値創造＝イノベーションを実現するためのマネジメントシステムであるこの規格に出会い，世界規格の新事業を創出する仕組みづくりの指南書として採用されたのである．

OKIは，日本最初の通信機器メーカーとして1881年に創業し，以来，長年にわたって電話交換機の製造を行ってきた．この経緯から，かつて"電電ファミリー"と呼ばれた企業の一つであり，日本電信電話公社［現 日本電信電話株式会社（NTT）グループ］との関係が強く，そのニーズに応えることが事業の中心であった．

同社もB to Bビジネスが主体で，KOAと同様に既存顧客セグメントからの受注を拡大することに集中していたので，自ら新しい顧客を切り開き，新しい事業を創出する知の探索の活動の必要性は必ずしも高くはなかった．この新しい事業創出には，イノベーションを興す企業文化への変革が必要で，全従業員と共有・実践してイノベーションを普及していくために，この規格のガイドラインをもとにして構築されたイノベーション・マネジメントシステム（IMS）の導入を決定している．ISO 56001という認証規格の発行前ではあるが，国際規格として制定されたガイドライン規格であるISO 56002を先取りして，イノベーション・マネジメントシステム（IMS）の構築を急いだのである．

モットマクドナルド社は，企業のパーパス（存在意義）を大切にしており，サーキュラーエコノミー（循環型経済）を実現するため，BIM（Building Information Modeling）の導入を決定している．そして，社会がサーキュラーエコノミーに移行する過程で，デジタル技術を駆使して，新しい価値を創出するためにイノベーション・マネジメントシステム（IMS）の採用に至っている．

デジタル化は，組織の生産性向上だけでなく，業界の構造や慣習を破壊し，

社会システムや産業構造自体を変容させる力がある．建設業界は，サーキュラーエコノミーへの社会の移行とデジタル化という技術の進化により，大きな環境変化に中にある．このような変化に対応するには，DX（デジタル・トランスフォーメーション）が不可欠となる．モットマクドナルド社は，BIMを用いたDXを推進する一環として，イノベーション・マネジメントシステム（IMS）を活用し，既存の建設業界からスマートフォームやスマートシティーといったデジタルエコシステムへの転換に向け，マネジメントシステムの改革に取り組んでいるのである．

　KOAもOKIも，2030年のビジョンを実現するためのツールとして，イノベーション・マネジメントシステム（IMS）は有効に機能している．社会的な価値の実現に向け，企業がビジョンを掲げることで，社員もそのビジョンを実現する当事者の一人となることができる．企業の売上げや利益目標という短期的な指標ではなく，長期的に実現したい未来を描き，それを実現するためにやるべきことを考えるバックキャスティング手法を活用することで，既存事業の改良改善から視点を変えることができ，新しい価値創造＝イノベーションにつながるのである．

7.2　イノベーション・マネジメントシステム活用のポイントは何か

　紹介した3社いずれも，イノベーションを推進する部門がイノベーション・マネジメントシステム（IMS）の導入を担当し，社内のイノベーション活動を牽引している．活用にあたって重要なことは，共通言語としてのシステム（IMS）である．KOAの事例で説明されているように，新規事業に伴う試行錯誤のプロセスは，社内の既存のルールには合わないことも多く，そのルールを守っている他の部門との意思疎通がうまくいかない．モットマクドナルド社では，試行錯誤の必要な知の探索の活動を“initiative”と呼び，初めと終わりが明確な知の深化の活動を“project”と呼ぶことで区別している．知の探索と知の深化を両立させるための共通言語として，この規格のガイドラインをも

とに構築されたシステム（IMS）を活用しているのである.

　3 社ともイノベーション・マネジメントシステム（IMS）の採用・導入を単なるシステムの導入とは考えていない. 第 6 章のモットマクドナルド社の事例で説明したように, イノベーション・マネジメントシステム（IMS）の導入は "走行中の車のタイヤを変えること" のようなものであり, システム（IMS）の導入が非常に慎重に進められている. すでに導入しているマネジメントシステムで事業を営んでいる社員にとって, 新しいマネジメントシステムへの移行は従来の価値観の否定にもつながる. 社員が新しいタイヤのよさを理解できない限り, 自らタイヤを変えることはできない.

　KOA では, IMS 推進部門が中心となり, トップマネジメントと社員をつなぎ, 社員のイノベーション教育, 共有の場づくりを行い, イノベーションを同社の文化として根付かせる活動をしている.

　OKI では, トップマネジメントによるイノベーション文化の浸透活動が実践され, 社員にイノベーション実践の場を与え, 社員研修が実施されている. このような社員の意識改革は, 当事者意識をもたせることが肝要でなのである.

　イノベーションは, 上意下達で生まれるものではなく, イノベーターの内発的モチベーションから生まれてくるものであり, 社員が当事者として取り組むところから生まれる. モットマクドナルド社では, イノベーション・マネジメントシステム（IMS）導入の最初からあらゆる段階で社員を巻き込み, 調査, ワークショップ, ブレーンストーミング・セッション, フィードバック・ループを活用し, 社員の当事者意識を育んでいた. IMS 推進部門は, 全体のイノベーション戦略は立てるが, その戦略に基づく具体的な戦術は当事者である事業部に任せている. KOA や OKI でも, IMS 推進部門は黒子となり, 現場から生まれる新規事業を側面から支援している.

　海外での事業展開を積極的に推進しているモットマクドナルド社では, イノベーション・マネジメントシステム（IMS）の運用にあたって, 多様性や包括性を重視していた. 多様性や包括性によって, 革新的なアイデアが多角的な視点から徹底的に検討され, 強固な解決策につながるからである. 多様性や包括

性を確保すると同時に，参加したメンバーが自由に発言できるように，心理的安全性にも注意を払っていた．これらの点は，同質的な集団となる可能性が高い日本企業にとっては，学ぶべき視点である．

7.3　イノベーション・マネジメントシステムの効果・効用は何か

KOA では，経営層や関係者等との調整作業は大幅に減少し，開発品自体の活発な議論に時間が使えるようになり，新しい顧客に向けた新規事業も創出されている．また，開発品の時間軸の共通認識もでき，イノベーション・マネジメントシステム（IMS）が"価値創造"の羅針盤の役割を果たしていると報告されている．OKI やモットマクドナルド社でも，共通言語の普及による部門を超える共通認識は，新しい価値創造に対する障害物を減らし，促進する力になっている．

OKI では，各プロジェクトの進捗状況やイノベーション・プロセスの熟度などを可視化し，プロジェクトを一元管理するためのツールを開発し，イノベーションのポートフォリオマネジメントをしている．

このようなツールは，モットマクドナルド社では，イノベーションを推進するだけでなく，プロジェクトの進捗状況やリソース配分の可視化によって透明性も高まっている．一元化されたプラットフォームはリアルタイムのモニタリングを容易にし，その情報に基づいた，迅速な意思決定を可能にするのである．

さらに，モットマクドナルド社では，イノベーション・マネジメントシステム（IMS）は部門を超えた協働のためのプラットフォームとしても利用され，異なる部門のチームが洞察，専門知識，資源を共有し，相乗的な成果を生み出す例も出てくるようになった．このような環境は，イノベーション活動の質を高めるだけでなく，知識の共有と継続的な学習の文化を育むことにも寄与した．イノベーション・マネジメントシステム（IMS）の効果は，このように組織の壁を超えて広がっていくこととなっている．

この規格は，他の ISO マネジメントシステム規格との整合性も担保されて

おり，品質マネジメントシステム（QMS）を中心としたマネジメントシステムとの連携も重要となる．

KOAにおいては，品質マネジメントシステム（QMS）の弊害として，与えられた業務の仕組を順守しながら，さらに改善することにとらわれ，その仕組みそのものを改革することが難しくなっていた．新事業推進のために導入したイノベーション・マネジメントシステム（IMS）の観点で既存事業も見直すことで，社内のプロセス改善等の成功事例が生まれている．イノベーション・マネジメントシステム（IMS）を導入することで，品質マネジメントシステム（QMS）を"価値創造"ができる全員参加の経営改善にアップグレードできたのである．

OKIでは，イノベーション・マネジメントシステム（IMS）と品質マネジメントシステム（QMS）を統合し，コンセプトを構築するプロセスで不確実性を下げたコンセプトをデザインプロセスのインプットにすることで，高速に仮説検証を進めながら，社会の要請に基づく品質で商品やサービスを顧客に届けるようにマネジメントシステムを構築している．モットマクドナルド社では，品質マネジメントシステム（QMS）をはじめとする既存の監査・レビュープログラムとイノベーション・マネジメントシステム（IMS）とを完全に統合している．既存のプログラムの上にシステム監査構造を構築し，品質マネジメントとイノベーション・マネジメントが整合し，相互に補強し合うように，追加のレイヤーを加える形で改良しているのである．

7.4 IMP 人材

7.4.1 IMP 人材の必要性

三つの企業事例にあるように，企業においてイノベーション担当部門が設置され，イノベーション・マネジメントシステム（IMS）について教育を受けた人材が求められるようになってきている．イノベーションの先進国であるスウェーデンでは，企業だけでなく，行政組織や病院，大学でも，イノベーション

担当部門が設置されている．さらに，IMP の資格認証があり，その資格試験を取得するための教育プログラムも開発されている．

　このような IMP 人材が求められる理由には，二つある．一つ目の理由は，地球規模の持続可能性を代表する社会課題とデジタル化の進展により，体系的で組織的なイノベーションが求められるようになってきたことにある．

　モットマクドナルド社は，サーキュラーエコノミーの実現を企業のパーパス（存在意義）として，BIM を導入し，ライフサイクル・マネジメントに取り組み始めていた．BIM という DX の実現には，既存のシステムを見直し，新たな価値創造を可能にするマネジメントシステムが必要となり，イノベーション担当部門がその変革を担当していた．

　デジタル化は，社会・経済・産業構造を変えていく．このデジタル化の流れを受けて，業務プロセスを変えるだけでなく，組織，制度や文化も変革していくことが DX である．既存事業のためにあった組織，制度，文化を OS（Operating System）レベルで変革し，イノベーションが推進できる新しい OS が必要とされるのである．モットマクドナルド社のいう"走行中の車のタイヤをどのように変えるか"を推進する IMP 人材が必要なのである．

　二つ目の理由は，これらの社会課題は単独の企業では解決が難しいことによる．企業だけでなく，行政組織や大学，さまざまなセクターが参加するイノベーション・エコシステムが求められる．サーキュラーエコノミーの実現というような社会課題を解決するには，社会のシステム全体を理解し，その中で活動する人たちがつながり，協力していくことが必要になる．つまり，企業だけでなく，行政組織や大学においても，イノベーション・エコシステムを理解し，その目的を共有し，それぞれの組織をリードしていける IMP 人材が求められる．次の図 7.1 に示すように，組織内のイノベーターや IMP 人材は，組織の内外を行き来し，イノベーション・エコシステムを実現するネットワークのハブとなるのである．

　このような社会の変化を受け，2019 年にこの規格が発行され，国際的に共通言語となるフレームワークができた．現在のところ 2024 年の発行予定で認

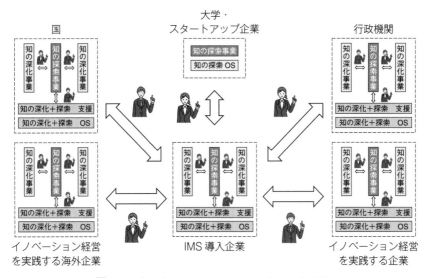

図 7.1 イノベーション・エコシステムにおける
イノベーターや IMP 人材の役割

証規格である ISO 56001 の開発が進んでいる．この認証を取得するには，イノベーション・マネジメントシステム（IMS）を理解する審査員やシステム（IMS）を教育する IMP 人材が必要となる．

7.4.2 IMP 人材の役割

三つの企業事例にあるイノベーション担当部門が担っていた役割は，概ね次のように分類することができる．

① イノベーション戦略を立案する．
② イノベーション・プロセスを構築する．
③ イノベーション実現のためのツールや方法を提供する．
④ イノベーション活動をコーチングする．
⑤ イノベーションの共創の場を育成する．
⑥ イノベーションを支援する文化を醸成する．

三つの企業事例では，これらの役割を，この規格を熟知している筆者や他の

イノベーションを専門とするコンサルタントの知恵を借りながら，それぞれ独自に学習しながら実践している．

7.4.3　IMP 人材の教育

　スウェーデンでは，イノベーション・マネジメントに関する職務経験が 3 年以上ある人を対象にした IMP の資格認証がある．IMP はプロフェッショナルな仕事として認知されており，その資格試験を取得するための教育プログラムも開発されている．スウェーデンの Amplify 社が提供している教育プログラムの概要を図 7.2 に示す．

　同図中の 1 〜 5 は，組織的なイノベーション・マネジメント，イノベーションの定義，イノベーション・マネジメントの八つの原理原則，そしてイノベーション・マネジメントシステム（IMS）の学習であり，本書の第 1 章から第 3 章で説明した内容とほぼ一致し，システム（IMS）の基礎となる概念の学習である．

図 7.2　Amplify 社の教育プログラム
（出典：Amplify 社提供資料，翻訳は著者による．）

　同図の 6 からが，IMP 人材が活動としてやるべきことになる．6 の"イノベーション・プロセスを設計する"，8 の"トップマネジメントを巻き込む"，9 の"イノベーション戦略を立案する"は，三つの企業事例でも説明された内容である．

　7 の"深い洞察を育む"は，八つの原理原則（本書の第 2 章）で説明した"洞察の活用"に関連する学習である．アイデアと洞察との区別を理解し，"価値の実現"を最大化するための洞察の活用方法等を学ぶ．

　10 の"組織構造を適応する"とは，イノベーション・プロセス，組織単位，資金調達モデルなどの構造をイノベーションの機会に合わせて適合させる方法を学ぶ．これは八つの原理原則で説明した"柔軟性"にも関連し，イノベーションの取組みには一律同じアプローチは適用されず，機会に合わせて構造を柔軟に変えることを学ぶ．

　11 の"イノベーションの取組みをリードする"と 12 の"イノベーション文化を醸成する"は，どちらも組織にイノベーション文化を根付かせる活動である．11 では，人がイノベーションを興すための動機付けは何かを理解し，八つの原理原則で説明した 2 の"未来志向のリーダー"が，どのように不確実下で意思決定をすればよいのか，"不確実性のマネジメント"について学ぶ．12 の"イノベーション文化を醸成する"は，八つの原理原則の"組織文化"であり，文化の重要性を学び，イノベーションカルチャーの要素とその関係を学ぶ．

　最後に，13 の"イノベーション・パフォーマンスを評価する"では，イノベーション・マネジメントシステム（IMS）の成熟度を評価し，イノベーション・プロセスやイノベーション・ポートフォリオのパフォーマンスを評価する方法を学ぶ．

　以上のように，この教育プログラムは，この規格の八つの原理原則に基づき，IMP 人材にどのような活動が求められ，その活動に必要な知識を学べるプログラムになっている．

7.5 "両利きの経営"を目指して

　知の探索と知の深化を両立させることが難しいことを，本書のイントロダクションで説明した．この両立を目指す経営については，オライリーとタッシュマンの『両利きの経営』[13]で詳しく説明されている．既存の事業を深めていく"深化"と，新しい事業の開拓を目指す"探索"活動の両立には，既存事業を深掘りする組織能力と事業機会を探索する組織能力に加え，この異なる能力を併存させる組織能力が必要となる．この異なる能力を併存させるためには，リーダーの包括的で感情に訴えるビジョン，戦略，基本的価値観，経営幹部チームの強い結束が求められるというものである．

　イノベーション・マネジメントシステム（IMS）は，この"両利きの経営"を実現するためのフレームワークを提供するものである．大きな組織なら，イノベーション担当部門を設置し，全社的なシステム（IMS）の構築が可能である．しかし，中小企業や小さな組織では，そのような対応ができるだけの経営資源が確保できないケースもある．また，大企業でも既存の事業部が強く，既存事業にすべての経営資源を振り向けたほうがよいと反対する抵抗にあうケースもある．

　深化を追求する抵抗勢力が強い組織なら，最初は探索活動を既存の組織から切り離し，トップが直接，探索活動を指揮するという方法もある．既存の組織とは切り離し，新規事業創出を目的とした"出島"組織をつくるのである．

　例えば，KDDI 株式会社は，2011 年にインキュベーションプログラムを出島で開始し，いまではイノベーティブ大企業に選ばれている企業になっている．出島に突出した集団をつくり，成功事例を積み上げることにより，探索の価値を既存部門に伝搬させていく方法である．

　ただし，ここで重要なのは出島が"離れ小島"にならないことである．どういうことかというと，出島だと思っていても，気が付いたら本体から切り離され，本体とは違う勝手な活動をやっている部隊になってしまわないようにということである．こうであっては意味がないので，"出島戦略"を取る際にも，

きちんと本体と関係性をもちながら，最終的には本体の活動として既存部門に伝播させていくことが重要である．

　イノベーション担当部門を設置することが難しい中小企業や小さな組織であれば，イノベーション担当者を任命することから始めてもよい．イノベーションといっても，漸進的イノベーションもあれば，プロセス・イノベーションもある．顧客への付加価値を向上させる取組みから始めればよい．さらに，外部企業や組織との連携やパートナーシップを模索することで，新たな視点やリソースが活用できる．

　既存事業だけでは，いつか事業は成り立たなくなる．中長期的な視点に立てば，探索活動が必要となり，"両利きの経営"を実践すべきなのである．オライリーとタッシュマンが『両利きの経営』で結論付けているように，この異なる能力を併存させる組織能力を開花させるためには，経営層のリーダーシップの役割が大きい．日本がイノベーションで再び世界の舞台で輝く国となること，そして本書が，この規格の説明を通して，"両利きの経営"を目指す組織にとって，有用な教材になることを願っている．

引用・参考文献

1) エリック・リース 著，伊藤穣一，井口耕二 訳（2012）："リーン・スタートアップ ムダのない起業プロセスでイノベーションを生み出す"，日経BP

2) March, J. G.（1991）："Exploration and exploitation in organization learning." *Oregon Sci.* 2, pp.71-87

3) Nagji, B., & Tuff, G.（2012）："Managing your innovation Portfolio"，Harvard Business Review, 90(5)，pp.66-74

4) テンダイ・ヴィキ，ダン・トマ，エスター・ゴンス 著，渡邊哲，田中陽介，荻谷澄人 訳（2019）："イノベーションの攻略書－ビジネスモデルを創出する組織とスキルのつくり方"，翔泳社

5) ヘンリー・チェスブロウ 著，大前恵一朗 訳（2004）："OPEN INNOVATION －ハーバード流イノベーション戦略のすべて"，産業能率大学出版部

6) JIS Q 56002:2023，イノベーション・マネジメント－イノベーション・マネジメントシステム－手引，日本規格協会

7) アレックス・オスターワルダー，イヴ・ピニュール，フレッド・エティアンブル，アラン・スミス 著，今津美樹 訳（2021）："インビンシブル・カンパニー 「無敵の会社」を作った39パターンのビジネスモデル"，翔泳社

8) 坂本和一（2011）："ドラッカーの警鐘を超えて"，東信堂

9) 山脇秀樹（2020）："戦略の創造学－ドラッカーで気づきデザイン思考で創造しポーターで戦略を実行する"，東洋経済新報社

10) 北嶋貴朗（2021）："イノベーションの再現性を高める 新規事業開発マネジメント－不確実性をコントロールする戦略・組織・実行"，日本経済新聞出版

11) サラス・サラスバシー 著，加護野忠男 監訳，高瀬進，吉田満梨 訳（2015）： "エフェクチュエーション－市場創造の実効理論"，碩学舎

12) ドネラ・H・メドウズ 著，枝廣淳子 訳他（2015）："世界はシステムで動く －いま起きていることの本質をつかむ考え方"，英治出版

13) チャールズ・A・オライリー，マイケル・L・タッシュマン 著，入山章栄 監訳，渡辺典子 訳他（2021）："両利きの経営－「二兎を追う」戦略が未来を切り開く"，東洋経済新報社

14) アレックス・オスターワルダー，イヴ・ピニュール 著，小山龍介 訳（2012）： "ビジネスモデル・ジェネレーション ビジネスモデル設計書"，翔泳社

15) 紺野登（2020）："イノベーション全書"，東洋経済新報社

16) 福西義晴（2019）："図解即戦力 ISO 9001の規格と審査がこれ1冊でしっかりわかる教科書"，技術評論社

17) 馬田隆明（2021）："未来を実装する－テクノロジーで社会を変革する4つの

原則", 英治出版
18) 三谷宏治 (2014)："ビジネスモデル全史", ディスカヴァー・トゥエンティワ
ン
19) 峯本展夫 (2020)："イノベーションマネジメント・プロフェッショナル―イ
ノベーションを成功に導く人材の思考と行動のアプローチ", 生産性出版
20) H・ミンツバーグ 著，中村元一 監訳，黒田哲彦，崔大龍，小高照男 訳
(1997)："戦略計画 創造的破壊の時代", 産業能率大学出版部

謝　辞

　本書の執筆を思い立ったのは，2023年2月にドバイで開催されたISO/TC 279の委員会に出席したときである．世界各国から集まった代表が，IMSの認証規格であるISO 56001に関して議論する委員会である．すでにガイダンスであるISO 56002は同様の審議プロセスを経て2019年に制定されており，国内ではJIS Q 56002が2023年に制定されることが予定されていた．

　JIS Q 56002が制定されても，その内容を理解することは簡単ではない．JIS Q 56002は，他のISOマネジメントシステム規格の概要を理解し，イノベーションに関連する概念を理解していることを前提としているからである．日本において，ISO 56002をベースにしたIMSの普及を推進してきた我々JINとしては，JIS Q 56002の制定に合わせて，その解説書の出版が必要と考え，日本規格協会より今回の出版に至ることができた．心より御礼を申し上げる．

　本書で事例を寄せていただいたKOA株式会社の坪木光男氏，沖電気工業株式会社の千村保文氏，モットマクドナルド社のジョン・レインズ氏には，深く謝意を表したい．IMSを実践されている事例を提供していただいたことで，ISO 56002の背後にある深い意味を抽出することができた．この場を借りて，深く御礼申し上げる．

　本書の執筆にあたっては，JINの代表理事の紺野登氏より，IMSの本質を理解するのに多くの示唆をいただいた．また，JINのビリトリスタン氏，道廣利昭氏には事例の執筆を含む多大な協力をいただいた．そして，JINの教育プログラムに参加している尾﨑弘之氏，鬼塚麗奈氏に執筆に加わっていただき，多くの助言をいただいた．さらに，執筆にあたり，現在までJINでIMS教育・研修に活用してきた知恵を活用させていただいた．

　最後にこれらのISO 56002の普及にご尽力いただいたすべてのJINのメンバーに，心より御礼を申し上げる．

執筆者を代表して　真野　毅

索　　引

190

著者紹介

一般社団法人 Japan Innovation Network（JIN）

2013 年 7 月に設立された一般社団法人である．2011 年から 2013 年まで開催された経済産業省の"フロンティア人材研究会"の提言を受けて，大企業が継続的にイノベーションを興すための加速支援機関として，設立された．この研究会の委員であったソニー生命保険株式会社名誉会長 安藤国威，一橋大学名誉教授 野中郁次郎，多摩大学教授 紺野登の三氏が設立発起人となった．

このフロンティア人材研究会では，既存企業が現業を維持・発展させていく経営手法に加えて，新事業創造のための別の経営手法が求められており，その具現化のためには新事業創造の場としての"社内エコシステムの構築"が要となることが提言されている．社内エコシステムの構築が広がり，イノベーション・エコシステムの形成を促進するために，Japan Innovation Network は，世界で ISO 56002 の普及を推進している多くのパートナーと協力しながら，イノベーションの創出ができる日本企業の輩出を目指している．

　JIN ウェブサイト：https://ji-network.org/

【執筆担当者略歴】

真野　毅（まの　つよし）

【現在】

一般社団法人 Japan Innovation Network 理事

ISO/TC 279（イノベーション・マネジメント）国内審議会委員・ISO/TC 279 日本代表

長野県立大学 専門職大学院 社会イノベーション研究科 教授

【略歴】

1978 年 大阪府立大学工学部卒業後，京セラ入社．海外営業を担当後，米国ワシントン州立大学ビジネススクール（MBA）に留学．帰国後，創業者稲盛社長の下で，ベンチャー投資，JV，M&A 等を通じて事業提携を担当した後，買収した米国クアルコム携帯電話会社を社長として経営した．31 年の民間企業経験の後，公募で兵庫県豊岡市副市長に 2009 年就任．2 期 8 年の間，地場産業の鞄産業の活性化や城崎温泉のインバウンド拡大に取り組んだ．在職中に，明治大学ガバナンス研究科と京都産業大学大学院マネジメント研究科博士後期課程を修了．現在は同大学専門職大学院ソーシャルイノベーション研究科教授として，社会起業家の育成に取り組んでいる．

尾﨑　弘之（おざき　ひろゆき）

【現在】

一般社団法人 Japan Innovation Network イノベーション加速支援グループ ディレクター

ISO/TC 279（イノベーション・マネジメント）日本代表及び ISO/TC 279 国内審議委員会事務局

【略歴】

米国シートンホール大学 外交・国際関係学修士卒後，国連工業開発機関（UNIDO）のニューヨークオフィスにて，持続可能な開発目標（SDGs）の策定に関わる国際交渉に 2013 年より参画．SDGs 制定後は SDGs 達成に向けた国連機関間でのタスクフォースに参加し，コーディネーション業務や国連加盟各国との連携業務を担当．

2019 年 9 月より，JIN にて ISO 56000 シリーズ（イノベーション・マネジメント）に関わる ISO 国際交渉や国内審議委員会の事務局を担当．イノベーション・エコシステムに関する海外ネットワークとの連携，個別企業向けのイノベーション加速支援活動，イノベーション・マネジメントシステムの教育プログラムである IMSAP スタジオ等に従事

鬼塚　麗奈（おにづか　れいな）

【現在】

一般社団法人 Japan Innovation Network イノベーション加速支援グループ リサーチャー

【略歴】

和歌山大学大学院経済学研究科修士課程修了後，株式会社ユニバーサル園芸社にてオフィス移転に際するイノベーションを起こすための，目的の共創や仲間づくりを行う場づくりに取り組んだ．

2022 年 6 月より，JIN にて個別企業向けのイノベーション加速支援活動，イノベーション・マネジメントシステムの教育プログラムである IMSAP スタジオ等に従事

わかりやすいイノベーション・マネジメントシステム
"新しい価値実現" のシステムづくりを ISO 56002 で理解する

2024 年 1 月 18 日　　第 1 版第 1 刷発行
2024 年 10 月 2 日　　　　　　第 2 刷発行

著　　者　一般社団法人 Japan Innovation Network

発 行 者　朝日　弘

発 行 所　一般財団法人 日本規格協会

　　　　　〒108-0073　東京都港区三田 3 丁目 11-28　三田 Avanti
　　　　　https://www.jsa.or.jp/
　　　　　振替　00160-2-195146

製　　作　日本規格協会ソリューションズ株式会社

製作協力・印刷　日本ハイコム株式会社

●当会発行図書，海外規格のお求めは，下記をご利用ください．
　JSA Webdesk（オンライン注文）: https://webdesk.jsa.or.jp/
　電話：050-1742-6256　E-mail：csd@jsa.or.jp

JIS Q 56002:2023
イノベーション・マネジメント
ーイノベーション・マネジメントシステム
ー手引

【目 次】

ISO 9001:2015
（JIS Q 9001:2015）
要求事項の解説

品質マネジメントシステム規格国内委員会　監修

中條武志・棟近雅彦・山田　秀　著

A5判・280ページ　定価 3,850 円（本体 3,500 円＋税 10％）

【主要目次】

日本規格協会　　　https://webdesk.jsa.or.jp/